T0147582

Printed in the United States
By Bookmasters

قضايا معاصرة
في الإدارة التربوية

قضايا معاصرة
في الإدارة التربوية

تأليف

الأستاذ الدكتور أحمد بطّاح

أستاذ الإدارة التربوية - كلية العلوم التربوية

جامعة مؤتة

2006

رقم الإيداع لدى دائرة المكتبة الوطنية
(2006/3/656)

371.2
بطاح، أحمد
قضايا معاصرة في الإدارة التربوية/ أحمد بطاح .- عمان: دار الشروق- 2006
(192) ص
ر.أ.:2006/3/656
الواصفات: الادارة التربوية //التربية //التعلم

- تم إعداد بيانات الفهرسة الأولية من قبل دائرة المكتبة الوطنية

ISBN 9957-00-260-0(ردمك)
2006/3/716(رقم الإجازة المتسلسل)

- قضايا معاصرة في الإدارة التربوية .
- الأستاذ الدكتور أحمد بطاح .
- الطبعة العربية الأولى : الإصدار الأول 2007.

دار الشروق للنشر والتوزيع
هاتف : 4624321/4618191/4618190 فاكس: 4610065
ص.ب: 926463 الرمز البريدي :11110 عمان - الأردن

دار الشروق للنشر والتوزيع
رام الله : شارع المنارة - مركز عقل التجاري هاتف 02/2961614
غزة الرمال الجنوبي قرب جامعة الأزهر هاتف 07/2847003

- الاخراج الداخلي وتصميم الغلاف وفرز الألوان والأفلام :
- دائرة الإنتاج/ دار الشروق للنشر والتوزيع .
هاتف :1/ 4618190 فاكس: 4610065 ص.ب: 926463 عمان (11110) الأردن
Email: shorokjo@nol.com.jo

الإهداء

إلى والدي .... رحمه اللـه

إلى والدتي .... أطال اللـه عمرها

المحتويات

– مقدمة 17

– نبذة تاريخية 17

– مفهوم المساءلة 18

– مبررات الاهتمام بالمساءلة 19

– أهداف المساءلة 20

– عناصر المساءلة 21

– أنواع المساءلة 22

– فوائد المساءلة وسلبياتها 23

– تفعيل المساءلة ومأسستها 24

– مستويات المساءلة 25

– المساءلة في السياق التربوي 26

– المراجع 28

الفصل الثاني
إدارة الوقت

– مقدمة 31

– مفهوم الوقت 32

– انواع الوقت 32

– خصائص الوقت 33

– معايير تخصيص الوقت 33

– الوقت والإدارة الحديثة 34

- إدارة الوقت 35
- مضيعات الوقت 37
- إدارة الوقت في السياق التربوي 42
- المراجع 43

الفصل الثالث

الثقافة التنظيمية

- مقدمة 45
- مفهوم الثقافة 46
- خصائص الثقافة 46
- مفهوم الثقافة التنظيمية 47
- خصائص الثقافة التنظيمية 48
- عناصر الثقافة التنظيمية 49
- نظريات الثقافة التنظيمية 50
- أنماط الثقافة التنظيمية 51
- مجالات الثقافة التنظيمية 51
- تكوين الثقافة التنظيمية وتطويرها وإدراتها 52
- تغيير الثقافة التنظيمية 52
- الثقافة التنظيمية والاداء 55
- الثقافة التنظيمية في السياق التربوي 57
- المراجع 58

الفصل الرابع

التطوير التنظيمي

- مقدمة 61
- مفهوم التطوير التنظيمي 62

قضايا معاصرة في الإدارة التربوية 8

– خصائص التطوير التنظيمي _____ 63

– أهداف التطوير التنظيمي _____ 63

– أسباب التطوير التنظيمي _____ 63

– أنواع التطوير التنظيمي _____ 64

– مجالات التطوير التنظيمي _____ 67

– مراحل التطوير التنظيمي _____ 67

– استراتيجيات التطوير التنظيمي _____ 68

– مقاومة التطوير التنظيمي _____ 70

– إدارة مقاومة التطوير التنظيمي _____ 71

– الأبعاد الأخلاقية للتطوير التنظيمي _____ 72

– التطوير التنظيمي في السياق التربوي _____ 72

– المراجع _____ 74

الفصل الخامس

المناخ التنظيمي

– مقدمة _____ 77

– مفهوم المناخ التنظيمي _____ 78

– أنماط المناخ التنظيمي _____ 81

– سبل تطوير المناخ التنظيمي _____ 82

– المناخ التنظيمي في السياق التربوي _____ 83

– المراجع _____ 85

الفصل السادس

الأخلاقيات المهنية

– مقدمة _____ 87

– مفهوم الأخلاق _____ 88

- علم الأخلاق : المفهوم والنظريات 89
- الأخلاقيات المهنية : مفهومها ، ووظائفها ، ومصادرها 91
- تنمية الأخلاقيات المهنية 93
- الأخلاقيات المهنية في اسياق التربوي 96
- المراجع 98

الفصل السابع

الإدارة الإبداعية

- مقدمة 101
- مفهوم الإبداع 101
- أشكال الإبداع 102
- خصائص الإبداع 102
- عناصر الإبداع 103
- أبعاد الإبداع 103
- دوافع الإبداع 104
- مراحل الإبداع 104
- مصادر الإبداع 104
- مداخل دراسة الإبداع 105
- الإبداع التنظيمي 105
- ركائز الإبداع التنظيمي وعناصره 107
- خصائص الإدارة الإبداعية 108
- معوقات الإبداع 111
- الإدارة الإبداعية في السياق التربوي 112
- المراجع . 113

قضايا معاصرة في الإدارة التربوية 10

الفصل الثامن

إدارة الجودة الشاملة

- مفهوم الجودة ________ 116
- أبعاد الجودة ومحدداتها ________ 116
- ثقافة الجودة ________ 117
- إدارة الجودة الشاملة ________ 117
- مفهوم إدارة لاجودة الشاملة ________ 118
- مراحل تطور مفهوم إدارة الجودة الشاملة ________ 119
- فوائد تطبيق إدارة الجودة الشاملة ________ 121
- مبادئ إدارة الجودة الشاملة ________ 121
- متطلبات نجاح تطبيق إدارة الجودة الشاملة ________ 122
- معوقات تطبيق إدارة الجودة الشاملة ________ 123
- ادارة الجودة الشاملة في السياق التربوي ________ 123
- المراجع ________ 128

الفصل التاسع

إدارة الصراع

- مقدمة ________ 131
- مفهوم الصراع ________ 131
- نظريات الصراع ________ 133
- أنماط الصراع ________ 134
- مراحل الصراع ________ 136
- أسباب الصراع ________ 136
- آليات التعامل مع الصراع ________ 138
- الآثار الإيجابية والسلبية للصراع ________ 143
- إدارة الصراع في السياق التربوي ________ 144
- المراجع ________ 146

11 قضايا معاصرة في الإدارة التربوية

الفصل العاشر

ضغوط العمل

- مقدمة 149
- مفهوم ضغوط العمل 150
- مصادر ضغوط العمل 152
- استراتيجيات ضغوط العمل 154
- ضغوط العمل في السياق التربوي 155
- المراجع 157

الفصل الحادي عشر

الإدارة الاستراتيجية

- مقدمة 159
- مفهوم الإدارة الاستراتيجية 159
- أهداف الإدارة الاستراتيجية 162
- عناصر الإدارة الاستراتيجية وأبعادها ونماذجها 164
- مراحل الإدارة الاستراتيجية 165
- فوائد الإدارة الاستراتيجية 166
- الادارة الاستراتيجية والسياق التربوي 167
- المراجع 169

الفصل الثاني عشر

إدارة الأزمة

- مقدمة 171
- مفهوم الأزمة 171
- خصائص الأزمة 173
- أبعاد الأزمة 174

قضايا معاصرة في الإدارة التربوية 12

- أسباب الأزمة ———————————————————— 174
- مراحل الأزمة ———————————————————— 175
- أنواع الأزمة ———————————————————— 176
- إدارة الأزمة ———————————————————— 176
- الأزمة في مجال التعليم ——————————————— 180
- إدارة الأزمة في السياق التربوي —————————— 180
- المراجع —————————————————————— 182

الفصل الثالث عشر
الولاء التنظيمي

- مقدمة —————————————————————— 183
- مفهوم الولاء التنظيمي ——————————————— 183
- خصائص الولاء التنظيمي —————————————— 184
- أنواع الولاء التنظيمي ——————————————— 185
- مقومات الولاء التنظيمي —————————————— 186
- مراحل تطور الولاء التنظيمي ———————————— 186
- العوامل المؤثرة على الولاء التنظيمي ———————— 187
- قياس الولاء التنظيمي ——————————————— 189
- الولاء التنظيمي في السياق التربوي ———————— 190
- المراجع —————————————————————— 191

المقدمة

لقد لمست بعد خبرة طويلة في مجال تدريس مادة الإدارة التربوية، وإجراء البحوث المتعلقة بها، والإشراف على رسائلها وأطروحاتها أن المختص في مجالها النظري، والممارس لتطبيقاتها بحاجة الى الإلمام ببعض قضاياها مجتمعة وواضحة الصلة بالسياق التربوي، ومن هنا عمدت إلى إلقاء الضوء عليها في هذا المؤلف.

لقد اشتمل هذا الكتاب على ثلاثة عشر فصلا عالجتُ في كل فصل منها قضية إدارية معاصرة، وقد وضعت لكل فصل مقدمة تبين أهمية القضية للإداري التربوي، ثم حاولت تجلية الموضوع من خلال العناوين الفرعية الشارحة له كالمفهوم، والمبادئ ،والعناصر، والمراحل وغيرها مستخدماً أسلوب البحث العلمي الذي يعرض أكثر مما يشرح ويحلل إلا حيثما كان ذلك ضروريا، وقد أنهيت كل فصل بعنوان أخير يعرض للقضية موضوع البحث في السياق التربوي.

إن كل فصل من فصول هذا الكتاب يستحق أن يكون كتاباً، والواقع أن هناك كتاباً أو رسالة، أو أطروحة تتناول كل قضية من القضايا المعاصرة التي عرض لها الكتاب ولكن ليس هناك كتاب واحد بكل هذه القضايا بحيث يشرحها، ويبين سبل التعامل معها في الميدان التربوي، والواقع أنني لم أقصد إلي أن أؤلف في كل قضية بقدر ما قصدت إلي أن أقدم <نبذة> واضحة يفيد منها المختص، والتلميذ، والممارس في مواقعه الإدارية المختلفة، وبهذا المعنى فإنني أرجو أن يكون هذا الكتاب مفيداً ولو بحدود للأستاذ الجامعي المختص، وللمديرين التربويين في مركز وزارة التربية والتعليم وفي الميدان، وللمشرفين التربويين، ولمديري المدارس، وبالطبع لطلبة الدراسات العليا، ولكل محب للاطلاع، ومهتم به.

وإذا كان لي من رجاء في ختام هذه المقدمة فهو أن أتلقى من القراء الكرام ملاحظاتهم وتعليقاتهم والتي آمل أن أفيد منها في تنقيح هذا الكتاب وتطويره مستقبلا فالكمال لله وحده.

المســـاءَلة

Accountability

مقدمة:

إن مما لاشك فيه أن الاهتمام بالمساءَلة في المجال التربوي مؤشر هام على حرص التربويين ورغبتهم في الارتقاء بمستوى أدائهم، والواقع أن تطور الاهتمام بالمساءَلة يعتبر مرادفاً للاهتمام بالتطوير والاصلاح التربوي، وذلك بحكم أن أي إصلاح حقيقي لا بد أن ينطوي على تقبل الفرد لتحمل مسؤولية أعماله: سلباً أو ايجاباً، وإذا كان من السهل نسبياً تطبيق هذا المفهوم في ميادين الصناعة والتجارة حيث المدخلات واضحة والمخرجات كذلك في كثير من الأحيان، فإن من الصعوبة بمكان تطبيقه في الميدان التربوي حيث لا يمكن تحديد العوامل الكثيرة التي تتدخل في صياغة المخرجات التربوية وبالتالي مساءَلة التربويين بعدالة عن هذه المخرجات، ومع ذلك، ولتحقيق مزيد من الضبط "والعقلنة"، والفاعلية في العملية التربوية فإنه لا بد من تبني مفهوم المساءلة وتطبيقه بالقدر المستطاع، بل ومأسسته ليصبح مكوناً أساسياً من مكونات النظام التربوي.

نبذة تاريخية:

لا شك أن المساءلة بمفهومها العام عُرفت في معظم المجتمعات بمستوى أو بآخر، أي أن تتم محاسبة الشخص على أعماله، لكن المساءَلة بمفهومها الحديث بدأ طرحها في العصر الحاضر، وربما يمكن أن نعيدها إلى تايلر Taylor أبي الإدارة العلمية الذي رأى أن العامل يجب أن يكافأ حسب مستوى عمله، وقد يمكن اعتبار إعادة الولايات المتحدة النظر في مناهجها بعد عام 1957 وهو تاريخ إطلاق الاتحاد السوفياتي السابق لأول رائد فضاء في التاريخ في مركبة سبوتنيك Sputnik خطوة في هذا الاتجاه، تبعتها في عام 1965 خطوة أخرى تمثلت في نص قانون التربية الأساسية في الولايات المتحدة على تمويل برامج التقييمات المنتظمة على النواتج والكلفة، والواقع أن البداية الحقيقية لتبني مفهوم المساءلة والمطالبة بتطبيقها كانت في السبعينيات، وذلك على أثر كتابات ليسنجر Lessinger 1970 والذي طالب في كتابه" كل طفل رابح Every kid a winner بنظام مساءَلة يؤكد على أهمية التقويم وعقود الأداء والمخرجات التعليمية، كما لا بد من الإشارة في هذا

السياق إلى إقرار تشريع المساءَلة على التعليم الخاص في عدة ولايات أمريكية في عام 1971م حيث تم إلزام المعلمين بعقود تنص على عدم حقهم في تسلم أجور إذا لم تتحقق أهداف البرامج التعليمية، وقد تلا ذلك في نفس الاتجاه إصدار تقريرَ "أمه في خطر" Nation at risk في عام 1984، وعقد القمة التربوية للإصلاح التربوي في عام 1989، ولعل النبذة السابقة تشير بوضوح إلى أن المفهوم قد بدأ ونضج في البيئة الأمريكية حيث يشكل اقتصاد الولايات المتحدة ربع اقتصاد العالم، وحيث التركيز على الانتاجية productivity يشكل أهمية خاصة، وحيث يتحقق تطور العلوم السلوكية والاجتماعية بصورة تراكمية بفضل التمويل الهائل، والحرية الأكاديمية المتوفرة.

مفهوم المساءَلة:

إن هناك تعريفات كثيرة للمساءَلة، وقد تختلف هذه التعريفات باختلاف منطلقات المعرفين، أوميادين تخصصهم أو أعمالهم ولالقاء الضوء على هذا المفهوم لا بأس من استعراض بعض التعريفات فقد عرّف أولسن Olson,1999 المساءلة على أنها " أن يتحمل الفرد مسؤولية أعماله، ويركز على النتائج ثم يجني الثمار أو يواجه العواقب" وكما عرفها كوجان Kogan,1986 على أنها "حالة يكون فيها القائمون بالدور معرضين للمراجعة، واستخدام العقوبات اذا كانت ممارساتهم لا ترقى إلى مستوى معين وذلك من قبل اولئك الذين لهم معهم علاقة مساءَلة"، أما الطويل 2001 فقد عرفها على أنها" قيام الرئيس بمحاسبة أو بمساءَلة المرؤوس على ما يقوم بأدائه من أعمال واشعاره بمستوى هذا الأداء، وذلك من خلال التقييم المناسب لهذه الأعمال"، وفي المجال التربوي بالذات عرّف الكيلاني 1997 المساءَلة على أنها " التزام العاملين في التربية والتعليم بتقديم إجابات أو تفسيرات عما يقدمونه من نتاجات التعلم"، كما عرّفها ريتشبرغ Richburgh,1973 على أنها" مصطلح يصف ناتج العملية التربوية يتم من خلالها تقييم برنامج تعليمي من حيث فعاليته وكفاءته في تحقيق تعلم الطالب، ويُعد التربويون مسؤولين عن فشل أو نجاح البرنامج التعليمي"، وواضح من خلال التعريفات السابقة أن مفهوم المساءَلة يتضمن فكرة أن الفرد العامل أو الموظف يجب أن يتقبل حقيق] أنه مسؤول عن نتائج عمله ولو جزئياً، كما يتضمن فكرة أن هناك جهة إدارية أو إشرافية تسائل الفرد، وأخيراً فإنه يتضمن فكرة أن هناك محاسبة قد تترتب على المساءَلة، وقد تكون هذه المحاسبة في صالح الفرد مكافأة، ترقية مثلا أو في غير صالحه حرمان من مكافأة أو من ترقية مثلاً .

ولعل جلاء مفهوم المساءَلة بشكل جيد يقتضي التفريق بينه وبين عدة مفاهيم ذات صلة كالمسؤولية، والاستجابة، والاستقلالية والمشاركة والمحاسبة، فالمسؤولية هي حسب

الشاويش 1993 " تعهد الفرد بانجاز واجبات تم تخصيصها له" وواضح هنا أن المسؤولية تنبع من داخل الفرد، بينما تأتي المساءَلة من الخارج، أي من الشخص الذي له الحق في المساءَلة، وواضح أيضاً أن شعور الفرد بالمسؤولية ضروري تماماً لإيمانه بالمساءَلة وتقبله لمستحقاتها.

أما الاستجابة فقد فرق سكوت Scott,1989 بينها وبين المساءَلة على أساس أن الاستجابه هي رغبة المؤسسة أوالفرد في التجاوب بالأسلوب المناسب كالقدرة على الانفتاح على الأفكار والتوجهات الجديدة، أما المساءَلة فتتضمن حكماً قبول المؤسسة أو الفرد بنمط من انماط المراجعة Audit الخارجية، أو القدرة على تبرير نمط الأداء، ومن الواضح هنا أن الاستجابة تلقائية يتم التوصل إليها بحرية، أما المساءَلة فهي أكبر من الاستجابه، وتفرض من الخارج، ومن الجدير بالذكر في هذا السياق أن البعض يعتبر أن الاستجابة Responsiveness والمسؤولية Responsibility هما شكلان من أشكال المساءَلة.

وفيما يتعلق بالاستقلالية فإن هناك من يرى بأن هناك ارتباطاً قوياً بين المسؤولية والاستقلالية بمعنى أنه لا يمكن اعتبار الفرد مسؤولاً إلا إذا كان حراً في السلوك ومستقلاً. Autonomous وفي ذات الاتجاه، فإن من غير المعقول مساءَلة الفرد عن أعماله إذا لم يكن مستقلاً وحراً عند أداء عمله.

وفيما يتعلق بالمشاركة فإن علاقتها بالمساءَلة عميقة وإن كانت غير مباشرة إذ أن المساءَلة تصبح عادلة وممكنة التنفيذ إذا انطوت على مشاركة العاملين في وضع الأهداف، وفي تصميم الأنشطة والفعاليات العمليات ، وأخيراً في قياس النتائج والمخرجات، وتجدر الاشارة في هذا السياق إلى أن كلا من المشاركة والمساءَلة يعتبر بعداً من أبعاد السلوك الديمقراطي الذي يجب أن يسود في المؤسسة التربوية، أما فيما يتعلق بالمحاسبة فلا مساءَلة بدون محاسبة، ولكن هذه المحاسبة قد تكون ايجابية تنتهي بمكافأة، وقد تكون سلبية تنتهي بعقوبة.

مبررات الاهتمام بالمساءلة:

لقد تزايد الاهتمام بالمساءلة نتيجة لعدة أسباب واعتبارات أهمها:

1- تزايد كلفة التعليم دون توفر تغذية راجعة كافية.

2- الوعي المتزايد بأهمية المساءلة كضابط لنوعية التعليم وكفايته.

3- زيادة اهتمام أولياء الأمور بتحسين مستوى تعليم أبنائهم.

4- تزايد الاهتمام بتكييف نظم المساءَلة المطبقة في ميادين الصناعة والأعمال لتتلاءم مع الميدان التربوي.

5- تزايد إحساس المجتمعات بعدم تلبية النظم التربوية لآمالها وطموحاتها على الصعيد التربوي وبالذات على مستوى التحصيل.

6- القبول المتزايد لمبدأ دفع الأجور حسب الكفاءة.

7- زيادة أعداد الممثلين، وتوجه أعداد قليلة منهم الى التعليم الخاص.

8- الخبرات الناجحة لبعض البلدان التي طبقت مفهوم المساءلة كالولايات المتحدة مثلاً.

9- التطورات المستجدة في الميدان التعليمي وبالذات في المجال التكنولوجي.

10- التركيز المتزايد على مخرجات التعليم Outcomes.

ولعل من المؤكد أن هذه الأسباب والمبررات تتفاوت في أهميتها من مجتمع إلى مجتمع ، ومن مؤسسة تربوية إلى أخرى، وإن كان يمكن القوى أنها في مجملها كانت وراء انبثاق مفهوم المساءَلة والمحاولات المتوالية لتطبيقه وصولاً إلى أداء مؤسسي فعال يعمل على تحقيق الهدف بأقل جهد إنساني، وبأقل كلفة مادية.

أهداف المساءَلة:

إن من الأهمية بمكان أن تكون أهداف المساءلة واضحة وبالذات لمن سوف يخضعون للمساءلة وقد أشار الطويل 1999 إلى عدة أهداف للمساءَلة بشكل عام وهي:-

1- تصحيح الأخطاء ومحاولة منع تكرارها.

2- الوصول إلى مستوى عالٍ من الأداء في بعديه: الكمي والكيفي.

3- تخليص الأداء من المحسوبية.

4- دفع الإدارة نحو الاستقامة في العمل وفق قواعد الجدارة والإستحقاق وتكافؤ الفرص.

5- التركيز على أهمية المدخلات والممارسات ثم المخرجات المقاسة بدقة.

أما في المجال التربوي بالذات فقد أشار "هيل" وروبين Hill,Robin إلى عدة أهداف من أهمها:

- تحسين المستوى التعليمي للمدارس.
- تمويل المدارس حسب احتياجاتها.
- توفير تقارير حقيقية عن مستويات تحصيل الطلبة.
- تصنيف المدارس ومكافأة المستويات المرتفعة، وتحسين أوضاع المدارس ذات المستويات المتدنية.

- إعادة تشكيل المدارس التي فشلت مراراً في تحقيق مستوى طلابها.

- إعادة ترتيب وتوزيع المسؤوليات على الأقسام الإدارية في المديريات.

ونلاحظ من خلال استعراض هذه الأهداف أنها جميعاً تتمحور حول هدف رئيس واحد هو الارتقاء بالأداء، فمحاولة تصويب الأخطاء والتخلص من المحسوبية وضمان النزاهة في العمل والتأكيد على نوعية المنتج ومحاسبة المقصر تؤشر على هدف واحد هو الارتقاء بالأداء، ومن هنا انتقلت المساءلة على مراحل: من مرحلة المساءَلة بدلالة نتاج التعلم Outcome based accountability إلى المساءَلة بدلالة العمليات Process- based accountability إلى المساءَلة بدلالة الأداء Performance based accountability ويمكن ترجمة هذا في السياق التربوي إلى أن الهدف هوتحسين أداء المعلم، والمدير، والمرشد، والمشرف وصولاً إلى غاية العملية التربوية وهي تحسين فرص تعلم التلاميذ، وتنمية شخصياتهم من جميع جوانبها: الجسمية، والعقلية، والانفعالية، والاجتماعية.

عناصر المساءَلة:

لقد اختلف الباحثون في تحديد عناصر المساءلة فقد اعتبرها المركز الوطني للمخرجات التربوية ستة عناصر هي:-

1- الأهداف.

2- مؤشرات الوصول إلى الأهداف.

3- القياس والتقويم.

4- تحليل البيانات.

5- اجراءات لتقويم التقارير.

6- النتائج والعواقب.

أما "لويس" Lewis,2001 فقد صنف هذه العناصر إلى خمسة هي:

1- معايير قابلة للتطبيق.

2- تقييم مستند إلى المعايير السابقة.

3- إعلان لنتائج بناء على البيانات الدقيقة.

4- اتخاذ قرار لامركزي.

5- تغذية راجعة فعالة.

وقد اختلف "جرونلند" Gronland,1974 في تصنيفه بعض الشيء عن سابقيه إذ اشار إلى خمسة عناصر هي:

1- تقبل المساءَلة من قبل المستخدَمَ.

2- تحديد المعايير أوالمؤشرات لمخرجات النظام.

3- تقويم المخرجات في ضوء المعايير أوالمؤشرات.

4- تقدير ما ترتب على نجاح المستخدِم أوفشله من ثواب أو عقاب.

5- تحديد الفرد الذي يجب مساءَلته.

والواقع أن هذه العناصر الأخيرة التي أوردهاً جرونلندً هي الأقرب إلى مكونات المساءَلة وعناصرها التي لا غنى عنها، إذ لا مساءَلة بدون أن تكون مقبولة من قبل الموظف المستخدَم ، ولا مساءَلة ممكنة بدون معايير أو مؤشرات تقاس بها النواتج، ولا مساءَلة بدون تقويم هذه النواتج في ضوء المعايير السالفة الذكر، وأخيراً فلا مساءَلة بدون محاسبة تحدد من المساءَل، وما الذي يجب أن يقع عليه من مكافأة أو عقوبة.

أنواع المساءلة:

لقد تحدث الباحثون عن أنواع عديدة من المساءَلة فقد تحدث هاموند Hammond,1989 مثلا عن المساءَلة السياسية، والقانونية، والبيروقراطية، والمهنية، والتسويقية.

وقد اختصرها كوجان Kogan,1986 في أربعة أنواع هي:

1- مساءَلة الجمهور أو الدولة Public or state control وفي هذا النوع يُعتبر المعلم مساءلاً أمام المدير، كما أن المدير مساءَل بدوره أمام رؤسائه، والفكرة المحورية في هذا النوع هي أن المساءَلة هي للسلطات الحاكمة Governing bodies.

2- المساءَلة المهنية Professional accountability والمعلم في هذا النوع مساءل أمام زملائه من حيث مدى التزامه بالقيم المهنية، وهعذا يفترض وجود دستور مهني يحدد السلوك المهني المثالي الواجب، وذلك بهدف حماية المدارس من المطالب التي تجعل الانتاج هوالأساس Product- oriented outcomes وللتجاوب مع مطالب الزبائن Clients ونظراً لأهميتها فقد طور سوكت Scott,1980 المساءَلة المهنية وجعل لها أربع خصائص هي أنها يجب أن ترتبط بمدى الالتزام بمبادئ السلوك المهني أكثر من ارتباطها بالنتائج المتعلقة باداء الطبة، وثانيها أنها يجب أن تهدف إلى تغيير المجتمع المحلي

وثالثها أنه يجب أن يُنظر إلى المعلم كمهني مستقل Autonomous professional لا على أنه فني اجتماعي في الإطار البيروقراطي للمدرسة، ورابعاً أنه يجب استبدال التقويم القائم على قياس أداءات الطلبة، بآخر قائم على توفير معلومات للمجتمعات المحلية مرتبطة بنظام مهني ملائم.

3- مساءَلة المستهلك: الشراكة: Consumerist control: partnership وفكرة هذا النوع من المساءَلة هي أن الآباء كزبائن يجب أن يكون لهم مشاركة لا أن تكون علاقاتهم واعتماديتهم مع المعلمين، ومن الجدير بالذكر أن العلاقة بين المهنيين والزبائن يجب أن تشمل ثلاثة عناصر هي: اتفاق شامل على الأهداف، وتبادل للمعلومات عن الطرق والأساليب، وحوار عن النجاح فيما تم انجازه.

4- مساءَلة الزبائن: كالسوق المفتوح Consumerist control: Free market وهذا النوع من المساءَلة يدور حول المساءَلة من خلال آليات السوق، وليس من خلال آليات مجتمعية ونجاح المعلمين والمدرسة يقدر هنا بمدى نجاحهم في استقطاب الطلبة، والمعلمون يكونون مساءَلين من الجهات المسؤولة أوالمهنيين.

وقد نظر بعض الباحثين كلاشوي Lashway,2001 إلى المساءَلة من زاوية الاعتناء بالمدخلات والمخرجات إذ تكلم "لاشوي" عن المساءَلة التقليدية وهي تلك التي تُعنى بالمخرجات Outputs ، كما تكلم آخر عن المساءَلة السلبية وهي تلك التي تجبر العاملين على الالتزام بقواعد النظام من خلال جعل الجزاء حافزاً في أذهانهم دائماً، والمساءَلة الايجابية هي تلك التي تعمل على تنمية الالتزام بقواعد المنظمة من خلال مديح سلوك العاملين وتعزيزه إذا كان منسقاً مع قواعد المنظمة.

فوائد المساءَلة وسلبياتها:

لا شك أن تبني المساءَلة في السياق التربوي يقود إلى تحقيق نتائج ايجابية كثيرة منها:

1- دفع التربويين لتحسين طرائقهم وأساليبهم.

2- تحديد مهام وأدوار العاملين في الميدان التربوي لطلبة، ومعلمين ومديرين، ومشرفين وغيرهم.

3- التركيز على مخرجات العملية التربوية ونتائجها.

4- تقويم الأداء بصورة موضوعية ودقيقة.

5- تطبيق مبدأ المحاسبة الثواب والعقاب .

6- القضاء على الآفات الإدارية كالواسطة والمحسوبية.

7- تعزيز الثقة بالجهاز الإداري.

ويتضح من استعراض الفوائد السابقة أنها مرتبطة بأهداف المساءَلة بمعنى أن تحقيق أهداف المساءَلة يقود حكماًإلى تحقيق فوائدها، أما سلبيات المساءَلة فقد تتمثل فيما يلي:

-1 رفع درجة القلق لدى التربويين وبالذات حول الأسلوب الذي سيعتمد في تقييمهم.

2 - إهمال الفروق بين التربويين وتوقع نفس الأداء منهم بغض النظر عن هذه الفروق.

3-صعوبة تحديد المسؤول عن النتاجات التربوية وبالتالي زيادة قلق التربويين لتحقيق مزيد من الانجاز مع انهم ليسوا الوحيدين المسؤولين عن المخرجات.

4- صعوبة قياس المخرجات التربوية ، وعدم وجود معايير متفق عليها .

وغني عن القول أن سلبيات المساءَلة وإشكاليات تطبيقها يجب ألا تعفينا من تبنيها وتطبيقها في الميدان التربوي حيث أن ما يترتب عليها من فوائد أكبر بكثير ممّا يمكن أن يترتب عليها من سلبيات فضلاً عن أننا يجب أن نبذل أقصى ما نستطيع من جهد لتجنب مثل هذه السلبيات، وإن كان يجب أن نعترف بأن المساءَلة يمكن أن تفشل أحياناً إذا لم تتعامل مع أوضاع تكون فيها الأدوار والتوقعات واضحة، وتكون التغذية الراجعة فيها متوفرة ومتصلة، وتكون فيها أنظمة المساءَلة ذاتها خاضعة للمراجعة والتدقيق.

تفعيل المساءلة ومأسستها:

إن المساءَلة بحاجة دائمة إلى تفعيل، وقد أشار هانسن Hansen,1993 إلى عدة عوامل تساعد على تفعيل المساءَلة هي:

1- توفير مجموعة كبيرة من معايير ومؤشرات الأداء.

2- وضع أهداف ومعايير مجتمعية قابلة للتنفيذ.

3- التطوير المهني والأكاديمي لجميع المعنيين في الميدان التربوي.

4- وضع نظام مكافآت وعقوبات متوازن.

5- توفير الموارد اللازمة للمدارس لتمكينها من تحقيق الأهداف.

ولعل النظام التربوي الناجح لا يكتفي بتفعيل المساءَلة فقط بل يطمح الى مأسستها، أي جعلها جزءاً لا يتجزأ من النظام التربوي على جميع مستوياته بحيث لا يعتمد تطبيق المساءَلة على اشخاص معينين، ولا يرتبط بوقت دون آخر، بل يصبح أحد المكونات الرئيسية التي لا غنى عنها للنظام التربوي.

وقد ارتأى بويين Bowen,1977 أن مؤسسة المساءَلة تتطلب تحديد الأهداف وتصنيفها وفقاً لأهميتها، وقياس المخرجات من خلال مؤشرات موضوعية محددة، وقياس الكلفة بحيث لا تتجاوز حداً أدنى مقبول.

عاشراً: مستويات المساءلة:

إن مما لاشك فيه أن مستويات المساءَلة تمتد من القاعدة إلى القمة إذا تصورنا النظام التربوي على شكل هرم فالمعلم على مستوى الصف يجب أن يساءَل من قبل رئيسه المباشر وهو مدير المدرسة، ومدير المدرسة يجب أن يساءَل أمام رئيسه المباشر وهو مدير التربية والتعليم، ومدير التربية والتعليم يجب أن يساءَل من قبل رئيسه المباشر وهو وزير التربية والتعليم أو من يفوضه ، وحتى وزير التربية والتعليم والجهاز التربوي الذي يرأسه يجب أن يساءَل أمام المجتمع أو الجمهور، وقد وضح ليلو Lello,1979 كما ورد في الطويل مستويات المساءَلة على النحو التالي:

مستويات المساءلة

نوع المساءلة	من المساءل	نحو من؟	عن ماذا؟	الجزاء
مساءلة على المستوى الوطني	جهاز التربية والتعليم	مجالس التربية والتعليم العليا	التخطيط الاستراتيجي للتربية والخطط الاجرامية التنفيذية	التحدث جماهيريا عنها ، وبخاصة مجالات التقصير
مساءلة على مستوى المنطقة	العاملون في الادارة الوسطى	مجالس التربية والتعليم المحلية	مستوى العاملين والخدمات في النظام التربوي في المنطقة	النقل وإعادة التوزيع
مساءلة على مستوى المدرسة	مدير المدرسة	أولياء الأمور والمعلمين	برنامج المدرسة	خسارة النقاط الايجابية
مساءلة على مستوى التحصيل	رؤساء الأقسام	لجنة مراقبة وتنسيق الخطط الدراسية	أداءات التلاميذ الاجمالية والتفصيلية	خسارة النقاط الايجابية
مساءلة على مستوى الصف	المعلم		أنشطة التلاميذ	فقدان التقدم في السلم الوظيفي

(الطويل ، 2001)

ولعل مستويات المساءلة هذه تطرح تساؤلات عديدة تتعلق بالجهة التي تساءَل ، والجهة التي تُسائل، وموضوع المساءَلة، والشكل الوارد أعلاه يوضح أن هناك جهات عديدة أيضاً تخضع للمساءَلة وهناك محاسبة ما تلي المساءَلة، وبصورة أدق فإن جميع العاملين في النظام التربوي من معلمين، ومديري مدارس، ومشرفين، ومديري تربية وتعليم، ومديرين في الوزارة، ووزراء تربية هم جهات تسائل، وفي نفس الوقت هي جهات تُساءَل، وبالطبع فإن هناك محاسبة ما يمكن أن تحدث وليس شرطاً بالطبع أن تتمخض هذه المحاسبة عن عقوبة فقد تكون مكافأة إذا كان الأداء متميزاً، وفيما يتعلق بموضوع المساءَلة على ماذا تكون المساءَلة لابد من الإشارة إلى أن أنظمة المساءَلة لم تعد تكتفي بالإهتمام بالمدخلات والعمليات، بل اتجهت للتأكيد على النتائج والمخرجات كاستخدام المهارات الحاسوبية، وتعويد الفرد على التفكير الناقد Critical thinking وعلى الاستقلالية، والشعور بالمسؤولية إزاء المجتمع، فضلاً عن محاولة توظيف المفاهيم المختلفة في مواقف الحياة، وبغض النظر عن كل ما سبق فلا بد من الاعتراف بأن ثمة اشكاليات حقيقية تطرحها قضيةالمساءَلة فمثلاً: إلى أي مدى يمكن أن يكون التربوي مساءَلاً عن عمله وبخاصة أن متغيرات كثيرة متدخلة في هذا العمل؟ وكيف يمكن تقويم اسهام كل تربوي مفرداً؟ وهل يمكن قياس المخرجات بدقة؟ وما النتائج التي يمكن أن تترتب على إخفاق التربوي فيما لو حصل؟ وهل يمكن أن نسائل التربوي عن العمليات بما تتضمنه من أنشطة وفعاليات دون المخرجات؟

إن هذه الأسئلة وغيرها تشير إلى تعقد موضوع المساءَلة وصعوبات تطبيقها بعدالة، وهي تدعو بالتأكيد الى مزيد من الدراسة والبحث لبلورة إجابات منهجية مقنعة لجميع المعنيين بالمساءَلة.

المساءَلة في السياق التربوي:-

لقد اتضح من الحديث السابق عن المساءلة أنها حديثة بشكل عام وحديثة جداً في الميدان التربوي حيث يمكن إعادتها في الواقع إلى السبعينات من القرن الماضي، وهنا يبرز سؤال رئيسي هو: هل تطورت المساءَلة منذ ذلك الوقت في المجال التربوي إلى درجة مهمة؟

وقد تكون الإجابة في الواقع لا. وإذا تساءَلنا عن الأسباب وراء هذه الحقيقة فقد تكون كثيرة وكامنة في تعقد الميدان التربوي، وعدم جدية الباحثين التربويين، وعدم نضج المفهوم بما فيه الكفاية، وصعوبة تطوير معايير ومؤشرات لهذه المساءَلة.

إنّ من الواضح أنّ هناك مبررات متزايدة للاهتمام بالمساءَلة في الميدان التربوي، فأولياء الأمور أصبحوا أكثر اهتماماً بالمخرجات التربوية وضرورة تجويدها، والخدمة التربوية أصبحت أكثر كلفة، وموازنات الدول- وبالذات النامية- أصبحت تنوء بالتبعات الآلية الكبيرة المطلوبة منها للتعليم،

الأمر الذي أصبح يفرض ضرورة تطبيق مفهوم المساءَلة على جميع المستويات التربوية ابتداءً من المدرسة بمديرها ومعلميها، وإدارييها، ومستخدميها، وانتهاءً بوزارة التربية والتعليم بوزيرها ومديريها وموظفيها، وذلك وصولاً إلى الأهداف الكبرى للمساءَلة وهي: تحسين الأداء كماً وكيفاً، وتصويب الأخطاء والحؤول دون تكرارها، ودفع الإداريين التربويين إلى مزيد من النزاهة والشفافية والعمل وفق قواعد الأحقية وتكافؤ الفرص.

وختاماً فإنه لا بدّ من الإشارة إلى أنّ الإدارة التربوية لا يمكن أن تحقق مفهوم المساءَلة بدون أن تكون هناك ثقافة مجتمعية" تتفهم معنى المساءَلة وأهميتها وأبعادها وسبل تطبيقها، بل وتشير إلى أهمية إضطلاع الجمهور العريض مسؤوليته المتعلقة بهذا الموضوع، حيث إننا إذا وصلنا إلى هذه الدرجة فإنّ تبني مفهوم المساءَلة وتطبيقها يصبح أمراً بديهياً ومفروغاً منه.

المراجع العربية:-
1- أبو كركي، ساجدة. 2003 . مدى إدراك مديري المدارس الحكومية لمفهوم المساءلة التربوية وأهدافها وعلاقة ذلك ببعض المتغيرات في الأردن ، رسالة ماجستير غير منشورة ، جامعة مؤتة، الكرك.
2- الطويل، هاني. 1999 . الإدارة التعليمية مفاهيم وآفاق . دار وائل للطباعة والنشر، عمان.
3- الطويل، هاني. 2001 التقييم والمساءلة كمدخل في إدارة النظم التربوية، الإدارة التربوية في البلدان العربية، تحرير عدنان الأمين الهيئة اللبنانية للعلوم التربوية، بيروت.
4- الزعبي، ميسون 2003 . درجة تطبيق المساءلة الإدارية في مديريات التربية والتعليم في الأردن ومعوقات تطبيقها، رسالة دكتوراة غير منشورة، جامعة عمان العربية للدراسات العليا، عمان.
5- الجغبير، عبد الإله . 1993 درجة فهم مديري الأقسام في وزارة التربية والتعليم للمناخ في الديمقراطي ولمبدأ المساءلة، وأثر ذلك في سلوكهم الإداري، رسالة ماجستير غير منشورة، الجامعة الأردنية، عمان.
6- الشاويش، مصطفى . 1993 . الادارة الحديثة، دار الفرقان للنشر، عمان الأردن.
7- المحمود، زعبي. 1999 . درجات المساءلة الإدارية والتقويم في الاشراف التربوي، رسالة ماجستير غير منشورة، جامعة اليرموك، إربد، الأردن.
8- الكيلاني، عبد اللـه زيد. 1997 . محاولة تطوير نظام مساءلة في النظام التربوي في الأردن. ورقة عمل غير منشورة مقدمة للمؤتمر التربوي الأول للجمعية التربوية الأردنية، عمان.
9- نهاد ، نزار. 1976 . المرشد التنظيمي لإجراءات شؤون الموظفين، دار الكتب، القاهرة.
10- محمد، صلاح الدين. 1977 . مشاكل المسلك الوظيفي في الخدمة المدنية، مركز البحوث الإدارية، القاهرة.
المراجع الأجنبية:-

.inc ,science research a ssociation :CA ,Palo Alto ."Every kid a Winner" 1970 .L,essingerL -

sh 1999.Lynn,Olson -ining a spotlight on result, quality counts'99 Education week, 18, 17.

- Hill, paul, lake, Robin. 1997. Toward a- K- 12 Education a ccountability system in washington state. Eric- No: ED4 18202.

-Lewis, Anne. 2001. Benehmarkes for accountability in ontario: where do we stand? University of Guelph , Disser tation Abstracts International.

-Grounland, E Norman. 1974. Determining accountability for classroom instruction, New York: Macmillan publishing co, inc

-Hamond, Linda Durling. 1989. Accountability Mechansisms in Big CiEric .ty school systems .New York ,Clearing house on Urban Education

Accountabili .1980 .H,Sockett -tHodder and .London ,cational systemy in the English Edu .Stoughton

the new stand ards and accountability 2001 .Larry ,Lashway -: will reward and sanctions motivate America's school to peak performance, Eugene, Oregon.

- Hansen, Joe B. 1993. Is Educational, reform through mandated accountability an oxymoron, Measurementa nd evaluation counceling and developenent, vol26, No.1.

- Bush, T. 1994. Accountability in Education, Bush, T. Burnham, j. Ed. The principles of Educational management, London: Lorgman Group UKHd.

-Foster, Jack, D. 1991. The role of accountability in kentucky's Education reform Act of 1990, Educational leaderdership, vol. 48, No.5.

-John, Lello. 1979. Accountability in Education, London, ward lock Educational .

-Knirk, Federick G. 1986. Instructional technology: a systematic approach to Education. Rinehart and Winston the drydem press, New York.

إدارة الوقت

Time management

مقدمة:

تعرف الإدارة عادةً على أنها عملية منظمة يتم من خلالها التنسيق بين الموارد البشرية والموارد المادية لتحقيق الأهداف بأقصى قدر من الفعالية، ولعل من المؤكد أن الوقت هو مورد هام من الموارد المادية حيث لا يمكن حفظه أو استرجاعه، ولذا فإن المدير الفعال هو ذلك الذي يستطيع انجاز أكثر عمل في أقل وقت.

لقد اتفق الباحثون في هذا المجال على أن الوقت يختلف عن الموارد الإنتاجية الأخرى من حيث أن جميع البشر يملكونه بالتساوي كما أن من غير الممكن تجميعه أو تأجيره، وعليه فإن الإداري المتميز هو ذلك الذي يدرك أهميته الحيوية، وكيفية استغلاله، وتوظيفه بالأسلوب الصحيح، وفي هذا السياق يقول دركر Druker " إن المدير الذي لا يستطيع إدارة وقته لا يستطيع إدارة شيء، وإن إدارة الوقت تعني إدارة الذات، ومن لا يستطيع إدارة ذاته لا يستطيع إدارة وقت الآخرين".

والواقع هو أن هناك عدة أسباب أدت إلى تزايد الاهتمام بدراسة الوقت لعل أهمها تضخم المنظمات الحديثة حيث أصبح المجتمع كما هو معروف مجتمع منظمات، والتغيرات التكنولوجية المتسارعة في عالم اليوم، فضلاً عن كثرة الطلب الاجتماعي ومحدودية الموارد في ذات الوقت، ومن الجدير بالذكر هنا أن الوقت في العمل الرسمي لا يستثمر بشكل جيد، ولقد أظهرت دراسات عديدة أن الكثير من المديرين يواجهون صعوبات كثيرة في انجاز أعمالهم خلال الوقت الرسمي الأمر الذي يضطرهم إلى استخدام أوقاتهم الخاصة مما قد يسبب لهم إشكالات عديدة.

إن الإدارة الفعالة للوقت لا ترتبط فقط بفعالية الإداري نفسه، بل ترتبط بالقطع برفع مستوى أداء العاملين خلال الفترة الزمنية المحددة للعمل، حيث لا يستطيع الإداري في الواقع تغيير الوقت أو تقديمه أو تأخيره بل يستطيع استغلاله على الوجه الأمثل، ولهذا فقد أصبح استغلال الوقت ضمن استغلال الموارد المتاحة هو أحد المعايير الهامة لتقويم أداء المنظمات وأداء الأفراد، وفي هذا الصدد يقول شابلن

تيلر Chaplain Taylor إن الوقت هو العنصر الأكثر تصلباً والأكثر مرونة في الوجود، ولكن نستطيع القول إنه يمكن إدارته بفاعلية وإن لم نستطع إدارته لا نستطيع إدارة أي شيء آخر".

مفهوم الوقت

لقد أجمعت الدراسات والأبحاث التي عالجت هذا الموضوع على أن من الصعوبة بمكان تحديد مفهوم معين للوقت، غير أنها جميعاً تشير إلى وجود علاقة منطقية تربط نشاط أو حدث معين بنشاط أو حدث آخر، يعبر عنه بصيغة الماضي أو الحاضر أو المستقبل، وعليه فإن الوقت كما أشار سلامة 1988 هو الحيز الزمني الذي تؤدي فيه المهام والأنشطة ولا يعوض إذا ما مضى، وقد اتفق الباحثون في هذا الموضوع على أن الوقت هو من الموارد الإنتاجية ذات الطبيعة الخصوصية حيث لا يمكن تخزين الوقت، أو تجميعه أو تأجيره وفي هذا السياق يقول السلمي" الوقت من أثمن الموارد التي يستخدمها المدير، وما ينفقه من وقت لا يمكن استرجاعه، والمدير المتميز يدرك أن للوقت نفقة أو تكلفة، وبالتالي يحاول استثماره إلى أقصى حد ممكن".

أنواع الوقت:-

لقد قسم بعض الباحثين الوقت إلى أربعة أقسام هي:-

1- الوقت الإبداعي: وهو ما يخصص لعملية التفكير والتحليل والتخطيط المستقبلي، علاوة على تنظيم العمل، وتقويم مستوى الانجاز.

2- الوقت التحضيري: ويمثل الفترة الزمنية التحضيرية التي تسبق البدء في العمل.

3- الوقت الإنتاجي: الفترة الزمنية التي تستغرق في تنفيذ العمل الذي تم التخطيط له في الوقت الإبداعي، والتحضير له في الوقت التحضيري.

4- الوقت غير المباشر أو العام: ويخصص هذا الوقت عادة للقيام بنشاطات فرعية عامة لها تأثيرها الواضح على مستقبل المنظمة، وعلى علاقاتها بالغير كمسؤولية المنظمة الاجتماعية، وارتباط المسؤولين فيها بمؤسسات وجمعيات وهيئات كثيرة في المجتمع.

كما قسمه بعضهم إلى الأقسام الهامة التالية:

1- وقت النوم.

2- وقت العمل.

3- وقت الأسرة.

4- وقت الترفيه.

خصائص الوقت

لقد أشار الباحثون في هذا المجال إلى عدة خصائص يتميز بها الوقت وأهمها:

1 لا شيء أطول من الوقت لأنه مقياس الخلود، ولا أقصر منه لأنه ليس كافياً لتحقيق جميع ما يريده الشخص.

2 الوقت لا يحترم أحداً، إذ لا يمكن لأي كان تغييره أو تحويله بغض النظر عما يريد تحقيقه.

3 الوقت سريع الانقضاء.

4 الوقت مورد نادر، وهو أنفس ما يملك الإنسان.

5 الوقت يختلف عن الموارد الأخرى من حيث أنه لا يمكن تخزينه، ولا يمكن إحلاله، ولا يمكن شراؤه، أو بيعه أو تأجيره، وهو مورد يملكه الجميع بالتساوي.

معايير تخصيص الوقت:-

إن هناك عدة معايير شائعة لتخصيص الوقت أهمها:

1 الاستجابة لطلبات الآخرين: Demands of others إذ يميل الشخص عادة إلى الاستجابة إلى طلبات أناس معينين أكثر من غيرهم كطلبات الرؤساء مثلاً.

2 القرب من الموعد النهائي Closeness of deadlines : إذ كلما اقترب الموعد النهائي كلما توجب إنجاز العمل.

3 الوقت المتاح Amount of time available : فمع أن من الأفضل البدء بالأنشطة المهمة بعد تجزئتها إلى أنشطة فرعية يميل الكثيرون إلى القيام بالأنشطة التي تتطلب وقتاً قصيراً.

4 درجة الاستمتاع Degree of enjoyment : إذ يميل معظم الأفراد إلى تنفيذ المهام السارة واستبعاد المهام غير السارة.

5 وقت الوصول order of arrival : إذ ليس المهم إنجاز ما يصل أولاً، بل من الأفضل تصنيفه، ومن ثم التعامل مع الأهم فالمهم.

6 درجة المألوفية Degree of familiarity حيث يفضل الكثيرون عمل ما هم على ألفة به واستبعاد ما هو غير مألوف.

والواقع أنه لا توجد معايير متفق عليها لتوزيع الوقت بالنسبة للإداري ولكن يمكن الإشارة إلى عدد من المعايير التي يمكن أن يستهدي بها الإداري لتوزيع وقته وقد أشار ميريل Merrill إلى أهمها على النحو التالي:

1- توزيع الوقت طبقاً للنشاطات المخططة.

2- توزيع الوقت طبقاً للموعد المحدد لإنجاز النشاط.

3- توزيع الوقت طبقاً للإمكانات المتاحة.

4- توزيع الوقت طبقاً للوقت المتاح.

5- توزيع الوقت طبقاً للنتائج المترتبة.

6- توزيع الوقت طبقاً لطلبات الآخرين رؤساء، مرؤوسون .

7- توزيع الوقت طبقاً لما يحب الإداري عمله.

8- توزيع الوقت طبقاً لما يعرف الإداري عمله.

9- توزيع الوقت طبقاً لورود النشاطات.

10- توزيع الوقت طبقاً للنتائج المتوقعة أو المرغوب فيها.

الوقت والإدارة الحديثة.:-

لقد بدأ الاهتمام بالوقت في ميدان الإدارية منذ أيام فردريك تايلر Taylor مؤسس مدرسة الإدارة العلمية Scientific management الذي جعل ديدنه زيادة الإنتاج وتخفيف الكلفة، ولتحقيق هذا الهدف فقد قام بدراسة للزمن وحاول تصنيف الأعمال، وقرر الحوافز، وقد خلفه في هذا الاهتمام هنري جانت Gant الذي حاول ربط الأداء بالزمن، ثم جاء جلبرت Gelbart الذي قام بدراسة الزمن والحركة وكيفية أداء العمل بأفضل الطرق وفي أقصر وقت، ولم تغفل حركة العلاقات الإنسانية Human relations movement . هذا الجانب حيث ارتأت ضرورة إعطاء العامل فترة راحة لزيادة إنتاجية ، وأما النظريات الإدارية الحديثة فقد حاولت الاستعانة بالزمن لحل مشكلات التخطيط والإنتاج.

ومن الجدير بالذكر أن التركيز الواضح على موضوع إدارة الوقت قد بدأ بالباحث السويدي Carlson والذي محور أبحاثه حول كيفية إنفاق المديرين لأوقاتهم، وجاء بعده ماكي Makey الذي وضع كتاباً في هذا الموضوع أسماه إدارة الوقت The management of time ثم تلاه دركر Durker في الستينات، ومنتزبرج Mintzberg في السبعينات.

إدارة الوقت

هناك تعريفات كثيرة لإدارة الوقت فقد عرفها مارش March,1991 على أنها "عملية التخطيط والتنظيم والسيطرة على الوقت لتجنب الهدر في وقت العمل" كما عرفها الطراونة واللوزي 1991 على أنها" فن ترشيد واستعمال وقت المدير من خلال وضع الأهداف، وتحديد نفعيات الوقت ووضع الأولويات واستعمال الأساليب الإدارية لتحقيق الأهداف بكفاية وفعالية" ولعل من الواضح طبقاً للتعريفات السابقة أن إدارة الوقت هي عملية ذهنية سلوكية تقود الإداري إلى تصنيف أولوياته بما يحقق أقصى قدر من الفعالية .

ولقد زاد الاهتمام بإدارة الوقت لعدة أسباب أجملها أبو شيخة 2002 كما يلي:

1- ازدياد توقع المنظمات لما يجب أن يحققه العاملون فيها.

2- تعقد بيئة العمل بمختلف أبعادها الاقتصادية والسياسية والاجتماعية.

3- ارتفاع معدلات التغيير السنوية.

4- النزعة إلى الاستقلال الفردي، بمعنى محاولة الأفراد السيطرة على حياتهم، وبالتالي على أوقاتهم.

و لا بد من الإشارة هنا إلى أن الإدارة الناجحة للوقت يمكن أن تتمخض عما يلي:-

1- احتمالية تحقيق المنظمة لأهدافها بفعالية.

2- تكرس الإدارة نفسها لتحقيق أهداف بعيدة المدى بدون أن تغرق نفسها في تحقيق أهداف قصيرة المدى

3- مديرون أكثر كفاءة ونمواً.

4- توتر أقل، وكذلك قلق أقل.

إن الحديث عن إدارة الوقت يقود بالضرورة إلى الحديث عن الفعالية الإدارية بالضرورة ومن هنا فقد يكون من المناسب الإشارة إلى خصائص المديرين الفعالين وهي:

1- القدرة على العمل الفوري، إذ إن 80% من الأعمال المفروض إنجازها يتم التعامل معها حالاً.

2- القدرة على التفويض، إذ أن المدير الفعال يحيط نفسه بمساعدين أكفياء.

3- الرغبة في استثمار الوقت، وذلك من أجل دعم وتشجيع وإبداء الاهتمام بالعاملين.

4- القدرة على فرز القشر Chaff من السمين Wheat أو الزوان من القمح ، وبذلك فإن المدير الذي يفعل ذلك ينأى بنفسه عن التفاهة.

5- محاولة المستحيل Impossible حيث إن المدير الفعال يعترف بالهزيمة أحياناً وينتقل إلى مهام أكبر.

6- القدرة على استشراف المستقبل.

7- القدرة على الإحساس بالوقت، والإحساس بالواقع.

8- القدرة على تحديد مواعيد معقولة لإنجاز جميع المشاريع.

وقد أشار بعض الباحثين إلى بعض الاستراتيجيات التي تمكن من الاستخدام الفعال للوقت وهي:-

1 إدراك أن الطريقة التي نستغل بها أوقاتنا هي في الواقع أقرب إلى العادة Habit في طبيعتها.

2 تحديد أهداف شخصية هي مسألة حيوية لإدارة الوقت بفعالية.

3 تصنيف الأولويات وتقويمها.

4 تطوير نظام اتصالات فعال ومناسب .

5 تضييع الوقت هو العقبة الكبرى أمام إدارة الوقت.

ولعل من الطبيعي أن الإداري يواجه عدة عقبات قد تحول دون تنظيمه لوقته وهي على النحو التالي:

1- الباب المفتوح Open door paradox

وهذه السياسة قد يتبعها بعض المديرين لتحسين نظم اتصالاتهم ،ولكنها في الواقع قد تقود إلى الانشغال بالأمور الاجتماعية والتافهة على حساب العمل.

2- الاستجابة للملِّح والعاجل Tyranny of the urgent

إن المديرين يميلون إلى الاستجابة للعاجل لا للمهم، ولذا فإن الأولويات ذات المدى الطويل تهمل، وبالتالي تصبح أزمات مستقبلية.

3- الأزمات Crisis Paradox

إذن يميل المديرون إلى الاستجابة الزائدة للأزمات وبالتالي جعلها أسوأ.

4- المقابلة Meeting Paradox

إن انتظار المتأخرين يعني مكافأة هؤلاء ومعاقبة الملتزمين بالوقت ،وفي المرات القادمة الملتزمون يتأخرون ، والمتأخرون يتأخرون أكثر. ولتجاوز مثل هذه العقبات اقترح دركر Durker أن يسأل

كل إداري نفسه الأسئلة الثلاثة التالية وهي:-

1- ما الذي أفعله ويمكن ألا تكون هناك حاجة له سواء من قبلي أو من قبل الآخرين؟

2- ماذا عن النشاطات التي يُفترض أن أقوم بها ويستطيع أي شخص آخر أن يقوم بها مثلي وربما أفضل؟

3- ما الذي أفعله ويبدد وقت الآخرين؟

وقد ارتأى البعض أن أفضل طريقة للحفاظ على الوقت هي: توضيح الأهداف من جهة، وتطوير عادة التخطيط لكل يوم من جهة آخرى، والواقع أن هاتين الإستراتيجيتين قد تأتيان ضمن عدد من الأساليب الإدارية الهامة التي يمكن أن يعتمد عليها الإداري لاستغلال وقته بأفضل صورة ممكنة وأهمها:

1 الإدارة بالتفويض: أي من خلال تفويض السلطة.

2 الإدارة بالأهداف : أي من خلال العمل الجماعي. وعمل الفريق Team work

3 الإدارة الذاتية : وذلك من خلال تطوير إمكانات الفرد لتحقيق أكبر قدر من الإنجازات على المستوى الفردي أو على مستوى المنظمة.

مضيعات الوقت: Time wasters

يمكن تعريف مضيعات الوقت كما ورد في عليان 2005 على أنها "أنشطة غير ضرورية تأخذ وقتا، أو تستخدم وقتاً بطريقة غير ملائمة، أو أنها أنشطة لا تعطي عائداً يتناسب والوقت المبذول من أجلها". وهي تنقسم في العادة إلى مضيعات داخلية، وأخرى خارجية، وحسب عليان ، فإن أي نشاط يُعتبر مضيعاً للوقت إذا اعتبره الفرد كذلك، كما أن كل مضيع للوقت هو توظيف غير ملائم للوقت بالرغم من أنه يمكن تبرير جميع مضيعات الوقت.

وقد لخص معظم الباحثين في هذا المجال هذه المضيعات على النحو التالي:

1- جدولة الأشياء الأقل أهمية قبل الأشياء الأكثر أهمية.

2- الاستعداد العالي للتعامل مع التلفونات.

3- الابتداء بعمل قبل ا لتفكير فيه جيداً.

4- ترك الأعمال قبل إنهائها.

5- عمل الأشياء التي يمكن تفويضها للآخرين.

6- عمل الأشياء التي يمكن عملها بتكنولوجيا معاصرة.

7- عمل الأشياء التي هي في الواقع ليست من صلب عمل المدير.

8- الاحتفاظ بملفات كثيرة ، أو معقدة، أو متداخلة.

9- الاهتمام بمجالات عمل غير مناسبة أو غير ذات قيمة.

10- معالجة واجبات كثيرة ومتنوعة.

وقد أشارت دراسة أجريت على مديرين من أربعة عشر بلداً 14 إلى أن من أهم مضيعات الوقت: الزوار المفاجئون، والمقاطعات التلفونية، وعدم تحديد الأهداف، والأولويات، والمواعيد النهائية، والمكاتب غير المنظمة، والفوضى الشخصية، وعدم وضوح الاتصالات، وعدم دقة المعلومات، وغموض السلطة، وترك الواجبات بدون إنهاء، وقلة الضبط الذاتي.

وقد صنف ماكنزي Mackenzie هذه العامل حسب العمليات الإدارية وعلى النحو التالي:

1- التخطيط Planning

-عدم وجود أهداف أو أولويات.

- إتباع أسلوب الإدارة بالأزمات.

- عدم وجود مواعيد محددة المهام Deadlines .

- القيام بأعمال كثيرة في وقت واحد.

2- التنظيم Organization

- الفوضى وانعدام الانضباط الذاتي.

- كثرة الأعمال الورقية.

- القيام بالعمل أكثر من مرة.

- وجود أكثر من رئيس واحد للموظف.

- عدم وضوح المسؤوليات والسلطات

3 التوظيف Staffing

- وجود موظفين غير مدربين أو غير مناسبين.

- كثرة عدد الموظفين أو قلتهم.

- وجود موظفين يثيرون المشكلات والصعوبات.

4 التوجيه Directing

- النزعة التسلطية لدى المدير والرغبة في إنجاز العمل بصورة منفردة.

- ضعف روح الفريق بين أفراد المجموعة.

- ضعف الدافعية للعمل.

- ضعف القدرة على حل الخلافات وإدارة النزاعات

5- الرقابة والإشراف Supervision

- كثرة الزوار والمكالمات الهاتفية.

- عدم وجود معايير للرقابة والمتابعة.

- التسلط والرقابة المبالغ فيها.

- كثرة الأخطاء وتدني مستوى الأداء.

6- الاتصال Communication

- كثرة الاجتماعات واللجان.

- عدم وضوح نظام الاتصال ومستوياته.

- سوء الفهم والافتقار للإصغاء الجيد.

- الرغبة في إقامة علاقات اجتماعية مع الآخرين بغير هدف.

7- اتخاذ القرارات Decision making

- اتخاذ قرارات متسرعة.

- التردد في اتخاذ القرارات.

- التسويف في اتخاذ القرارات.

- إتباع أسلوب اتخاذ القرار من خلال اللجان المتعددة.

ولكن كيف يمكن التعامل مع مضيعات الوقت وتحييدها؟

لقد أشار الباحثون إلى استراتيجيات عدة، فقد رأى أبو شيخة مثلاً أن ذلك ممكن من خلال:

- جمع البيانات.

- التعرف على الأسباب المحتملة.

- وضع الحلول الممكنة.

- اختيار أكثر الحلول جدوى.

- تنفيذ الحل المختار.

كما رأى آخرون أن ذلك ممكن من خلال السيطرة على النشاطات الرئيسة المستنفذة للوقت وهي:

1- إدارة اجتماعات اللجان.

2- إدارة الهاتف.

3- إدارة المقاطعات الشخصية.

4- إدارة الاتصالات الكتابية.

ولعل من المناسب أن نختم هذا الفصل عن أهم الأسس والأساليب والاستراتيجيات التي يمكن تبنيها لممارسة إدارة فعالة للوقت، وفي هذا السياق أشار لكن Lakin إلى ستة مقترحات للإداري يرى أنها بالغة الأهمية وهي:-

1. حدد أهدافك وأولوياتك.

2. صمم قائمة " للإنجاز" to do .

3. ابدأ دائما بـ "a" وليس بـ"c" أي أبدأ بالمهم وأجّل ما هو أقل أهمية حيث إن الابتداء بما هو أقل أهمية يشتت الانتباه عما هو هام وجوهري.

4. اسأل نفسك هذا السؤال دائماً: ما أحسن استغلال لوقتي الآن؟

5. تعامل مع كل ورقة مرة واحدة.

6. ابدأ فوراً Do it now .

للوصول إلى الهدف ذاته اقترح آخرون للإداري ما يلي:-

- أنجز شيئاً ما في الوقت الواحد.

- استخدم وقتك الرئيسي بفعالية.

- طبق شعار " لا تقاطع".

- أجب عن المذكرة الرئيسة.

- أجب عن جميع مكالماتك فوراً.

- حدد أوقاتاً للاجتماعات.

- اجعل ساعتك "متقدمة" ثلاث دقائق.

- لا تخطط للعمل الإضافي.
- تعلم كيف تفوض السلطة.
- كافئ نفسك.
- ابدأ بالنشاطات التي تحتاج إلى متابعة مستمرة مع بداية العمل اليومي.
- حاول تحديد الأوقات الأكثر إنتاجية بالنسبة لعملك اليومي.
- لا تسرع بهدف توفير الوقت.
- حاول الإفادة من كافة التسهيلات والخدمات المقدمة لك في المنظمة.
- حاول قدر الإمكان الالتزام بالجدول الزمني الموضوع.
- راقب وقتك من فترة لأخرى.
- حاول الإفادة من فرص التدريب المتاحة.
- ابدأ عملك اليومي بحماس وإنتاجية.
- كوّن لديك عادة الانتهاء من النشاط متى بدأت به.
- تمتع بوقتك الخاص في النشاطات التي تحددها لذلك.

وأخيراً ، وفي الإطار ذاته أشار هلال 1995 إلى ما أسماه "الوصايا العشر" في التعامل مع الوقت، وهذه الوصايا هي:

1 احتفظ بدفتر تخطيط مواعيدك معك.
2 اجعل أهدافك دائماً شهرية.
3 ضع الأهداف طبقاً لرغباتك .
4 اجعل تقييمك للنتائج شهرياً.
5 خطط للأنشطة المرتبطة مباشرة بالأهداف يومياً.
6 اجعل تقييم الوقت جزءاً من أنشطتك.
7 اجعل استخدامك للساعة مقتصداً.
8 ابدأ من الآن في إدراك قيمة كل دقيقة تمر عليك.
9 ابدأ باستغلال الوقت كقيمة.
10 أنت لا تملك من الوقت إلا الحاضر.

إدارة الوقت في السياق التربوي:-

إن من الواضح أنّ إدارة الوقت هامة وضرورية في السياق التربوي كما هي هامة في السياقات الأخرى المختلفة وذلك للأسباب التي تم توضيحها آنفاً، ونظراً لخصوصية السياق التربوي، فإننا يجب أن نشير إلى الأمور التالية:-

- أنّ الإدارة التربوية تعمل في مؤسسة تضج بالتفاعل الإنساني، فهي ليست مؤسسة لإنتاج المعادن مثلاً وإنما لتعليم الإنسان وتأهيله وتدريبه، ويترتب على هذا أن يأخذ الإداريون في الميدان التربوي هذا بعين الاعتبار عند إدارتهم لوقتهم.

- من المعروف أنّ الإداريين التربويين بشكل عام ليسوا مدربين على إدارة الوقت، صحيح أنّ بعضهم ربما قرأ عن الموضوع، أو ربما حضر دورة قصيرة، ولكن الواقع هو أنهم لم يتدربوا فعلياً على كيفية إدارة الوقت في الواقع العملي التطبيقي، ومن هنا تأتي أهمية تصميم برامج تدريبية مدروسة لتوعية الإداريين التربويين بأهمية الوقت، وكيفية التصرف به في المواقف المختلفة، وعبر استراتيجيات متنوعة تتناسب مع تنوع المواقف.

- لقد زادت أهمية إدارة الوقت في السياق التربوي كما زادت في غيره لأسباب موضوعية معروفة أهمها توقعات الجهود بتحسين مستوى الخدمة التعليمية وتقديمها إلى جميع طالبيها، وتعقد بيئة العمل الناجم عن تعقد ظروف العصر ومتغيراته المعروفة.

- إنّ الإداري التربوي يتعرض لمضيعات الوقت كما يتعرض لها غيره من الإداريين في الميادين المختلفة، ومن هنا فإنه يجب أن يكون على وعي تام بها، كما يجب أن يكون على علم بكيفية التعامل معها.

- إن أهمية إدارة الوقت تتفاوت بتفاوت مستويات الإدارة التربوية، إذ إنّ مما لا شك فيه أن الوقت أكثر أهمية على مستوى الإدارة العليا Top management منه على مستوى الإدارة الوسطى والدنيا على أهميته في الإدارتين، ومن هنا فإنّ المطلوب من الإدارة العليا كجهة مسؤولة عن التخطيط، ووضع السياسات العامة والتوجهات الكبرى أن تطبق إدارة الوقت بالأسلوب المنهجي السليم.

المراجع:-

أ- المراجع العربية:

1 عباس، صلاح. 2004 ، إدارة الوقت، مؤسسة شباب الجامعة الإسكندرية.

2 ستراك، رياض. 2004 ، دراسات في الإدارة التربوية. دار وائل للنشر والتوزيع، عمان.

3 الراسبي، زهرة . 1999 ، إدارة الوقت لدى مديرات المدارس الثانوية بسلطنة عُمان، رسالة ماجستير غير منشورة، جامعة السلطان قابوس، مسقط.

4 ياغي، محمد. 1982 واقع تنظيم وإدارة وقت المدير، دراسة تحليلية، مجلة العلوم الإدارية، م 23 .

5 سلامة، سهيل. 1988 . إدارة الوقت:منهج متطور للنجاح،عمان.

6 أبو شيخة، نادر 2002 . إدارة الوقت، دار مجدلاوي، عمان.

7 بيدس، هالة. 1995 . إدارة الوقت لدى مديري ومديرات المدارس الثانوية الحكومية في محافظة عمان. رسالة ماجستير غير منشورة، جامعة اليرموك، إربد.

8 زيدان، همام بدراوي. 1992 إدارة الوقت مدخل تشغيلي لزيادة التعليم، بحوث المؤتمر الرابع- نحو تعليم أساسي أفضل- المنعقد في الفترة من 1992/8/36م. 4 ،الجمعية المصرية للمناهج وطرق التدريس ، القاهرة.

9 علي ، سعيد. 1993 إدارة الوقت في التعليم المصري، مجلة دراسات تربوية، 8 54 ، رابطة التربية الحديثة. القاهرة، عالم الكتب،12 24.

10 القريوتي، محمد. 1993 السلوك التنظيمي- دراسة السلوك الإنساني الفردي والجماعي في المنظمات الإدارية، مكتبة دار الشرق، عمان.

11 معايعة،عماد، 1991 . إدارة الوقت، الملكية الوطنية، عمان.

12 العمري ،صالح. ب. ت . إدارة الوقت وعلاقتها بالقيادة الابداعية لدى عمداء كليات جامعة البلقاء التطبيقية في الأردن، رسالة دكتوراة غير منشورة، بغداد.

13 القريوتي، محمد. 1985 . إدارة الوقت، مجلة دمشق في العلوم الإنسانية والأساسية والتطبيقية، دمشق.

14 حنفي، عبد الغفار، الصحن، محمد. 1990 ، إدارة الأعمال، الإسكندرية.

15 عليان، ربحي. 2005 ، إدارة الوقت:النظرية والتطبيق، دار جرير للنشر والتوزيع، عمان.

16 الصرن، رعد. 2001 ، فن وعلم إدارة الوقت، دار الرضا، دمشق.

17 هلال، محمد. 1995 ، مهارات إدارة الوقت: كيف تدير وقتك بكفاءة، مركز تطوير الأداء، القاهرة.

18 الخضري، محسن. 2000 ، الإدارة الثقافية للوقت، إتيراك للنشر والتوزيع، القاهرة.

19 الهواري، سيد. 1976 ، المدير الفعال: دراسة تحليلية لأنماط المديرين، مكتبة عين شمس، القاهرة.

20 اليكساندر، روي. 1999 ، أساسيات إدارة الوقت، ط1، مكتبة جرير، الرياض، السعودية.

ب- المراجع الانجليزية:

The effective executive .1973 .Peter ,Drucker-1,London.

2- March, w. 1991 Time management, CPA Journal,VOI.60.

3-Ellison, L. 1990. Effective time management, Davice Brent and others, Education for the1990, longman London .

4 -Hill, J. 1989. The importance of time management to principals, Thrusts.

5 -Wilk in son, C. 1990 The management of time, managing Change in Education, The open university.

6 -Ruocco, E.M. 1990 time management, personality hardiness   and personal characteristics, in women school administors in connecticut. DAI-A52/0./

7 -Boent, Michael. 1996, Essence of time management, Jaico Publishing House, Bombay .

الثقـــافة التنظيميـة

Organizational Culture

مقدمة:

إن الوعي بالثقافة التنظيمية المؤسسية من قبل الإداري التربوي مسألة غاية في الأهمية، وذلك لأن هذا الوعي يعني إدراك الإداري لما يتفاعل في مؤسستة من قيم واتجاهات ومبادئ ومعايير سلوكية توجه كلها فعاليات المؤسسة ونشاطاتها، ولا شك أن الإداري يجب أن يستخدم هذه المعرفة المعمقة لكي يوجه السلوك التنظيمي في المؤسسة بما يساعد على تحقيق الأهداف بأقصى قدر من الفعالية، بل إنه من الممكن أن يفيد من هذه المعرفة في إحداث تغيير إيجابي وبناء في المؤسسة.

إن نقطة الانطلاق بالنسبة للإداري فيما يتعلق بالثقافة التنظيمية هي أن الثقافة التنظيمية للمؤسسة هي بنت الثقافة المجتمعية، فالمؤسسة هي وحدة من وحدات المجتمع، ولذا فإن ما فيها من ملامح ثقافية كالقيم والاتجاهات والمبادئ والأعراف والعادات هي نابعة من ثقافة المجتمع ذاته، فإذا كان الحرص على جودة الأداء ملحوظاً في المؤسسة كملمح من ملامح ثقافتها التنظيمية، فإن معنى ذلك أن المجتمع الكبير يتميز بأنه حريص على تميز الأداء، وإذا كان الانتماء جزءاً لا يتجزأ من الثقافة التنظيمية لمؤسسة ما، فإن معنى ذلك أن قيمة الانتماء هي جزء أساسي من ثقافة المجتمع التي توجد فيه تلك المؤسسة.

إن الصلة العميقة بين ثقافة المؤسسة، وثقافة المجتمع هامة للإداري حيث تمكنه من إدراك صعوبة التغيير المؤسسي، وبالتالي ضرورة القيام به بشكل منهجي ومدروس، وإلا فإن النتائج قد لا تكون مضمونة، بل ربما تكون غير متوقعة. ويمكن إعادة جذور البحث في الثقافة التنظيمية إلى حركة العلاقات الإنسانية Human relations movement في الأربعينيات والتي ركزت على الدافعية، والروح المعنوية، ودور الجماعة غير الرسمية، ولكنها أصبحت ظاهرة في ميدان الأعمال منذ الثمانينات مع ظهور أربعة كتب مهمة لاوتشي، hi,1981Ouc ، وباسكال أوثوز Pascale&Athoss,1982 وديل وكنيدي Deal&Kennedy,1982 وبيترز وترمان Peters& waterman, 1982 .

ومع بداية التسعينيات وصلت أعدادالأعمال العلمية حول الموضوع إلى المئات مع التأكيد على ربط الثقافة التنظيمية بالفعالية التنظيمية، والواقع أن استعراض أدبيات موضوع الثقافة التنظيمية يشير إلى ثلاثة أمور هامة هي:-

1- الثقافة ضرورية للتغيير في المنظمات الناجحة لتعظيم قيمة العنصر الإنساني.

2- إدارة الثقافة : يجب أن تصبح كفاية حيوية للإدارة في المنظمة.

3- بينما تُعتبر الثقافة ضرورية للنجاح في المنظمة فإنها ليست شرطاً كافياً حيث إن من الأهمية بمكان للمديرين أن يقرروا ما الثقافة الفعالة لمنظمتهم، وعندما يكون ذلك ضرورياً كيف يمكن تغيير هذه الثقافة التنظيمية بفعالية.

مفهوم الثقافة:

لقد أورد الباحثون والمختصون تعريفات كثيرة للثقافة حريم،1997 ، فقد عرفها "كلباتريك" مثلاً على أنها " كل ما صنعته يد الإنسان وعقله من أشياء، ومن مظاهر في البيئة الاجتماعية"، كما عرفها "تايلور" على أنها" ذلك الكل المعقد الذي يشمل المعرفة، والعقيدة ، والفن، والأخلاق، والقانون، والعُرف، وأية قدرات يكتسبها الإنسان في المجتمع" ويعرفها المؤلف على أنها كل ما يبدعه الإنسان من منجزات مادية وفكرية وينقلها الجيل السابق إلى الجيل اللاحق، ويلاحظ من خلال استعراض التعريفات المختلفة أن هنالك جملة عناصر للثقافة أهمها:

- الجوانب المادية والمعنوية.

- تفاعل الجوانب المادية والمعنوية وانتقالها من جيل إلى جيل.

- هذه العناصر المادية والمعنوية بكليتها وتفاعلها هي التي تشكل هوية المجتمع.

خصائص الثقافة:

اتفق معظم الباحثين كما ورد في ناصر،1990 على أنّ للثقافة مجموعة خصائص أهمها:

- الثقافة عملية إنسانية، بمعنى أنها تخص الإنسان وحده دون سائر المخلوقات، فهو المخلوق الوحيد الذي يستطيع أن يبدع الثقافة وأن يراكمها.

- الثقافة عملية مكتسبة، بمعنى أنه يمكن تعلمها والتدرب عليها، فهي ليست فطرية أو موروثة.

- الثقافة متغيرة، بمعنى أنها ليست ستاتيكية ثابتة ، بل ترفد نفسها دائماً بعناصر جديدة تثريها، وتضيف إلى مضمونها.

- الثقافة قابلة للإنتقال من جيل إلى جيل، ولعل هذا هو الذي يضمن الاستمرارية المجتمعية، وإلا لكان المجتمع تعرض لنوع من أنواع الانقراض.

- الثقافة تحدد أسلوب حياة الفرد، بمعنى أن الفرد يسلك حسب معايير تحددها الثقافة، فالسلوك الفردي مقبول أو مرفوض طبقاً لمعايير الثقافة ومحكاتها.

- الثقافة تحقق الرضا النفسي، بمعنى أنها تشبع حاجات الفرد، وبالتالي تحقق له الراحة والإستقرار.

مفهوم الثقافة التنظيمية:

يعتبر مفهوم الثقافة التنظيمية أحد المفاهيم الحديثة في الإدارة، حيث ظهر منذ بداية الثمانينات، وبالذات من خلال كتابي ديال وكندي Deal&Kenedy عن نفس الموضوع، وتنطوي تحت مفهوم الثقافة التنظيمية مفاهيم كثيرة مثل: القيم، والنماذج، والأخلاقيات، والتكنولوجيا، والمبادئ، والاتجاهات وغيرها.

وكما هو الحال بالنسبة للثقافة، فإن هناك تعريفات كثيرة للثقافة التنظيمية، فقد عرفها أحدهم على أنها " مجموعة المعتقدات، والأيديولوجية، واللغة، والطقوس، والأساطير التي نصنفها ضمن ما نسميه "الثقافة التنظيمة"، وعرفها آخر على أنها" مجموعة الإفتراضات والمعتقدات والقيم والقواعد والمعايير التي يشترك بها أفراد المنظمة، وهي بمثابة البيئة الانسانية التي يؤدي الموظف عمله فيها"، ولعل التعريف الذي أورده هودج Hodge,1991 هو من أدق التعريفات حيث اعتبر أن الثقافة التنظيمية هي " مجموعة القيم، والمعتقدات، والمعايير السلوكية التي تشكل هوية المنظمة: A set of values, beliefs, and behavior patterns that form the core identity of an organization ، وتجدر الإشارة إلى أنّ هناك عدة مفاهيم تنطوي تحت الثقافة في التنظيمية كالأخلاقيات، والقيم، والتكنولوجيا وغيرها، والواقع أنه مهما تنوعت التعريفات فإن القيم هي عنصر مشترك بينها جميعاً.

ومن وجهة نظر المؤلف فإن الثقافة التنظيمة هي ما يتشارك فيه أعضاء المؤسسة من أفكار، ومبادئ ومعايير، واتجاهات توجه سلوكهم، وتساهم في حل مشكلاتهم. ويشير استعراض المفاهيم المختلفة للثقافة التنظيمية إل أن هنالك جملة خصائص لهذه الثقافة أهمها:

- توجيه الأعضاء للالتزام بسلوك واحد، وتوفير معايير سلوكية يلتزم بها العاملون في المؤسسة.

- وجود قيم متحكمة Dominant values يتبناها العاملون، ويلتزمون بها.

- تبني فلسفة تحدد كيفية النظر إلى التنظيم، وإلى العاملين، و إلى الأهداف.
- توفير أنظمة ومبادئ وتعليمات تحدد أسلوب تعايش الفرد مع المؤسسة.
- وجود مناخ تنظيمي Organizational climate يتمثل في شعور عام لدى الأفراد، وطرق تفاعلهم.
- درجة من المبادرة الفردية، وقبول المخاطرة، وتشجيع العاملين على الإبداع.
- وضوح الأهداف المؤسسية بحيث يمكن تحقيقها.
- وضوح التوقعات من العاملين، ومدى دعم الإدارة العليا لهم.
- طبيعة أنظمة الحوافز والمكافآت.
- طبيعة نظام الاتصالات المعتمد.

ويتضح مما سبق أن خصائص الثقافة التنظيمة تمس كل ما يتعلق بالمنظمة المؤسسة من حيث أهدافها، والعاملون فيها، ونظام اتصالاتها، ونظام حوافزها، ومنظومة قيمها، والجو المؤسسي السائد فيها، ومن البديهي أن طبيعة هذه الخصائص هي التي تحدد طبيعة الثقافة التنظيمية، وعلى هذا الأساس نجد ما تسمى أحياناً بالثقافة القوية Strong organizational Culture وهي تتميز بأنها قيّمة valuable ، ونادرة Rare ، وغير قابلة للتقليد. والثقافة المنظمية الضعيفة.

Weak organizational culture أو ما يعرف أحياناً في عالم إدارة الأعمال بالثقافة" الخميلة" Thick Culture مقابل الثقافة " النحيفة" Thin culture .

ومن الجدير بالذكر أن هناك ما يسمى بالثقافة السائدة أو " المهيمنة" في المؤسسة Dominant culture وأن هناك مقابل هذه الثقافة" العامة" Culture ما يسمى بالثقافات الفرعية Sub-cultures وهي التي تكون خاصة ببعض الوحدات أوالأقسام الرئيسية في المؤسسة.

خصائص الثقافة المنظمية:

تتميز الثقافة المنظمية كما أشار إليها لو ثانز Luthans, 1992 بما يلي:-

1- الانتظام في السلوك والتقيد به.

2- المعايير.

3- القيم المتحكمة.

4- الفلسفة.

5- القواعد والتعليمات.

6- المناخ التنظيمي

وفيما يتعلق بالمناخ التنظيمي تجدر الإشارة إلى أنه يؤدي إلى خلق الثقافة التنظيمية، كما أنّ الثقافة التنظيمية تؤدي إلى خلقه.

عناصر الثقافة التنظيمية:-

يمكن القول بأن أهم عناصر الثقافة التنظيمية كما أشار إليها ملحم 2003 هي ما يلي:-

1- القيم التنظيمية	Organizational Values
2- المعتقدات التنظيمية	Organizational beliefs
3- الأعراف التنظيمية	Organizational norms
4- التوقعات التنظيمية	Organizational expectations

ولعل من الواضح أن المنظمة لها دور محدود في صياغة القيم التنظيمية حيث إنّ هذه القيم في العادة مستمدة من قيم المجتمع بشكل عام، أما المعتقدات والأعراف والتوقعات التنظيمية فهي من نتاج المنظمة إلى حدٍ كبير، حيث تنبع هذه جميعاً من فلسفة التنظيم نفسه، ومن تقاليده التي يرسخها عاماً بعد عام، وكذلك من توقعاته في ضوء الأهداف ومستوى الأداء، وإن كان ذلك لا ينفي التأثير المجتمعي على هذه العناصر المكونة للثقافة التنظيمية.

وقد رأى البعض أن عناصر الثقافة التنظيمية أو مكوناتها هي:-

1- الأعمال الفنية واليدوية والرموز	Artifact&symbols
2- أنماط السلوك	Patterns of behavior
3- التقاليد والعادات	Behavior norms
4- الافتراضات الأساسية	Fundamental assumptions

أهمية الثقافة التنظيمية ووظائفها:-

تتأتى أهمية الثقافة التنظيمة في الواقع من خلال الوظائف التي تؤديها وهي كما أشار إليها كينكي وكريتنس، 1992، والقريوتي، 2000 :

1- تصوغ سلوك الأفراد ضمن شروط ومحددات معينة.

2- تكرّس الشعور بالانتماء للمؤسسة.

3- توفر إطاراً مرجعياً Frame of reference بالنسبة للعاملين في المؤسسة.

4- تبلور هوية موحدة مقبولة لدى الغالبية الساحقة من العاملين.

5- تساعد على التنبؤ بسلوكات الأفراد داخل المؤسسة.

6- تقوم بدور مساند لدور الإدارة العليا في اتخاذ القرارات، وفي إحداث التغيير/ كما توفر أداة رقابية تستطيع الإدارة من خلالها تشكيل السلوك التنظيمي في المؤسسة.

7- تساعد على تعزيز التماسك الاجتماعي، بل إن البعض ينظر إلى الثقافة المنظمية على أنها أداة رقابة اجتماعية Social control System ويستخلص مما سبق أن الثقافة التنظيمية هامة جداً من حيث أنها تؤثر على سلوك جميع الأفراد في المنظمة سواء أكانوا مديرين أو أفراداً، وتصوغ علاقاتهم، وتفاعلاتهم، وأساليب اتخاذ قراراتهم، وبالتالي فهي التي تبلور الجو العام في المنظمة، كما أنها هي التي تحدد هويتها، وفيما يتعلق بالإداري بالذات فإن الثقافة التنظيمية ذات أهمية خاصة حيث لها تأثير خاص على الفاعلية ومستوى الأداء، الأمر الذي يجب أن ينبه الإداري إلى ضرورة فهم الثقافة التنظيمية، وأساليب تطويرها وصولاً الى تحقيق الأهداف بكفاية.

نظريات الثقافة التنظيمية:-

لقد جرى التعبير عن هذه النظريات من خلال أربع فرضيات هي:

1- فرضية الاتساق Consistency hypothesis والفكرة هنا هي أنّ المعتقدات المشتركة، والقيم العامة، بين أعضاء التنظيم تزيد من التنسيق الداخلي، وتدعم المعنى والشعور بالهوية بالنسبة للأعضاء.

2- فرضية المهمة أو الرسالة The mission hypothesis والفكرة هنا هي أن الهدف المشترك، والوجهة، والإستراتيجية يمكن أن تنسق بين أعضاء التنظيم، وتقويهم في محاولة بلوغ الأهداف المشتركة.

3- فرضية المشاركة والاندماج The involvement hypothesis participation والفكرة هي أن الانخراط والمشاركة في العمل سوف تسهم في خلق الإحساس بالمسؤولية والملكية، وبعد ذلك في تحقيق الالتزام والولاء التنظيمي.

4- فرضية التكيف The adaptability hypothesis والفكرة هنا هي أن الأعراف والمعتقدات التي تزيد من قدرة المنظمة على تحويل المعطيات من البيئة إلى تغييرات سلوكية وتنظيمية، الأمر الذي يزيد من قدرة المنظمة على البقاء والنمو والتطور.

ويلاحظ أن الفرضيتين الأوليتين تركزان على الاستقرار، بينما تركز الأخريان على التكيف والتغيير، كما يُلاحظ أنّ الأولى والثالثة تركزان على ديناميات المنظمة الداخلية، بينما تركز الثانية والرابعة على علاقة المنظمة بالبيئة الخارجية.

أنماط الثقافة التنظيمية:

لقد أشار الباحثون كما ورد ملحم 2003 إلى عدة أنماط للثقافة التنظيمية أهمها:

1- ثقافة القوة، وذلك حين تتركز القوة في يد شخص واحد، أو عدد محدود من الأشخاص..

2- ثقافة الدور ، وذلك بمعنى أن هنالك نمطاً من " الثقافة" يرتبط في العادة بطبيعة الدور الذ ي يقوم به الشخص في المنظمة: مدير، رئيس قسم، مراقب ....الخ

3- ثقافة المهمة، وذلك بمعنى أن كل مهمة أو واجب محدد له نوع من "الثقافة" الخاصة به، فمهمة التخطيط مثلاً قد ترتبط بنوع من " الثقافة" ، ومهمة التقويم مثلاً قد ترتبط كذلك بنوع من "الثقافة".

4 - ثقافة الفرد، والمقصود هنا الثقافة الشخصية للفرد.

ولعل من الواضح في هذا السياق أن جميع هذه الثقافات قد تتفاعل بل قد تتداخل مع بعضها، بحيث يصبح من الصعب تمييزها عن بعضها، وهذا ما يؤكد أن الثقافة التنظيمية ظاهرة معقدة تتداخل في تركيبها كثير من العناصر.

مجالات الثقافة التنظيمية:

هناك عدة مجالات تغطيها الثقافة التنظيمية وأهمها:

1- القيم التنظيمية كالاهتمام بالوقت، والمساواة بين العاملين.

2- الأعراف التنظيمية، وهي جملة مبادئ يلتزم بها العاملون في المنظمة كاعتماد الأقدمية اساساً للحصول على المناصب العليا.

3- التوقعات التنظيمية، أي ما الذي يتوقع أن يحقق التنظيم ، وما الذي يتوقعه العاملون فيه أن يتحقق.

4- المعتقدات أو الافتراضات الأساسية كافتراض خدمة الزبون ذات أهمية قصوى. .

5- الفلسفة، ويمكن تصنيف هذه المجالات إلى : ما يتعلق بالإنسان كالاحتفالات ، والطقوس والرموز، وما يتعلق بالقيم كالقيم الدينية، والاقتصادية، وما يتعلق بالمسلمات وغالباً ما تكون مختزنة في اللاشعور، وربما تكون هذه المسلمات هي جوهر الثقافة، والعنصر الأكثر تأثيراً فيها.

ومن الملاحظ أن هذه المجالات أو المكونات للثقافة التنظيمية هي نفسها متضمنات الثقافة التنظيمية أو عناصرها، فالثقافة التنظيمية في النهاية ليست إلا مجموعة من القيم، والأعراف، والتوقعات التي يشترك فيها معظم العاملين وتصوغ سلوكاتهم التنظيمية.

تكوين الثقافة التنظيمية وتطويرها وإدارتها:

لقد رأى شولز Scholz أن الثقافة التنظيمية تتكون من خلال ثلاثة أبعاد هي:

1- البعد التدرجي Evolutionary dimension حيث تتكون الثقافة التنظيمية بشكل تدريجي، ومع مرور الوقت، وبمراحل تتابعية هي: مرحلة الاستقرار Stable Stage حيث لا يطرأ تغيير او انقطاع، ثم مرحلة ردة الفعل Reactive Stage حيث يتم تبني عدد من التغييرات المحدودة، ثم مرحلة التنبؤ anticipating stage حيث يتم تقبل تغييرات كبيرة، ثم مرحلة الاستكشاف Exploring stage حيث يتم اعتماد تغييرات كبيرة وأساسية، ثم مرحلة الإبداع Creating stage حيث يبدأ البحث الذي لا يتوقف عن التغيير.

2- البعد الداخلي Internal dimension حيث تتشكل الثقافة التنظيمية كنتيجة ظروف داخلية محددة تعمل في إطار المؤسسة.

3- البعد الثالث External dimension حيث تتكون الثقافة التنظيمية كمحصلة لتأثير البيئة الخارجية، ورد أفعال العاملين على مؤثرات البيئة الخارجية.

وفي السياق ذاته حدد لوثانز Luthans الخطوات التالية لبناء الثقافة وهي:

1- شخص مؤسس لديه فكرة عن مشروع جديد.

2- مجموعة رئيسية تشاطر المؤسس نظرته وتتفاهم معه.

3- ابتداء العمل لإيجاد منظمة، وذلك بجمع الأموال، وتحديد المكان وغير ذلك.

4- جذب واستقطاب آخرين للالتحاق بالمنظمة.

أما فيما يتعلق بالأساليب اللازمة لبناء الثقافة التنظيمية وتطويرها فقد لخصها الباحثون في كلمة Home ، ويمكن ايضاحها على النحو التالي:

1- بناء إحساس بالتاريخ History لدى أعضاء التنظيم، وذلك عن طريق سرد تفاصيل وحكايات وبطولات.

2- ايجاد شعور بالتوحد Oneness وذلك عن طريق القيادة، ونمذجة Modeling الأدوار.

3- تطوير إحساس بالعضوية والانتماء Membership لدى أعضاء التنظيم، وذلك عن طريق أنظمة العوائد، والتخطيط الوظيفي، والأمن الوظيفي.

4- زيادة التبادل بين الأعضاء Exchange وذلك من خلال التنسيق بين الجماعات والمشاركة في اتخاذ القرارات.

. History, Oneness, membership, Exchange

وقد أشار بعض الباحثين القريوتي، 2000 إلى ما أسماه "آليات" تشكيل الثقافة التنظيمية وارتأى أنها تتعلق بما يلي:

1- طرق وسياسات اختيار أعضاء المنظمة.

2- الأنماط الإدارية المعتمدة من قبل الإدارة العليا.

3- أساليب التنشئة التنظيمية المعتمدة بما في ذلك استخدام الروايات، والطقوس، والرموز، والبيانات الرسمية، وتوفير القدرة، فضلاً عن الترتيب التنظيمي المركزي أو اللامركزي ، وطبيعة التنظيم الداخلي من يشارك في صنع القرار مثلاً .

ويتضح مما سبق أن الثقافة التنظيمية لاتأتي من فراغ وإنما تتكون وتتراكم بجهود الإدارة، والعاملين، ومن خلال مؤثرات كثيرة داخلية وخارجية تتفاعل معاً لتنتهي إلى كل معقد لا بد من دراسته، والارتقاء به وصولاً إلى تحقيق الأهداف التنظيمية بأقصى قدر من الفعالية.

ومن الجدير بالذكر أن الإداري ليس مسؤولاً فقط عن المشاركة في تكوين الثقافة التنظيمية ومراكمتها، بل هومسؤول أيضاً عن إدارتها، وقد أقترح الباحثون عدة طرق لإدارة الثقافة التنظيمية بشكل فعال على النحو التالي:-

1- الاهتمام بالجوانب غير المرئية، والأكثر نعومة في المنظمة.

2- عدم الموافقة على أية تغييرات فورية وراديكالية للثقافة التنظيمية.

3- الاهتمام الخاص بالرموز التنظيمية الأساسية كشعار المنظمة مثلاً.

4- التركيز على الحكايات والقصص التي يتم تداولها في المنظمة.

5- التركيز على الاحتفالات والطقوس لما لها من أثر في تكريس الثقافة التنظيمية.

وقد ارتأى بعض الباحثين أنّ الثقافة التنظيمية في عالم اليوم يجب أن تسهم في:-

1- إدارة المعرفة   Knowledge management

2- الإبداع   Creativity

3- الإدارة التشاركية   Participative management

4- القيادة   Leadership

تغيير الثقافة التنظيمية:

إن من الواضح أن تكوين الثقافة التنظيمية وتطويرها وإدارتها مسألة في غاية الصعوبة، ولا شك أن تغييرها مسألة صعبة أيضاً، ولعلنا يجب أن نشير هنا إلى أن الثقافة التنظيمية يجب ألاّ تكون مزاجية أو غير مبررة، ولذا فإنها إن تمت يجب أن تتم بطريقة منهجية منظمة ومدروسة، وقد أشار الباحثون Hodge, 1991 إلى أسلوبين لتغيير الثقافة التنظيمية هما:

1- من الأعلى إلى الأسفل Top down

2- من الأسفل إلى الأعلى Bottom up

ومن الجدير بالذكر أن الإداري يمكن أن يستخدم أياً من الأسلوبين لإحداث التغيير، فقد يكون الإداري متنوراً، وعارفاً بأهمية التغيير وآلياته، وتبعاته أكثر من المرؤوسين وبالتالي يأتي التغيير من قبله أولاً، كما أن الإبتداء بالتغييرمن القاعدة ممكن أيضاً، بل وله ميزة من حيث أنه أكثر ديمقراطية، وبالتالي يضمن حماسة العاملين أكثر، وقد يقود إلى مخرجات أكثر قبولاً من قبل أعضاء التنظيم .

وقد رأى البعض أنّ هناك ثلاثة أنماط أساسية من التغيير الثقافي وهي:-

1- الجهود الشاملة والشورية لتغيير ثقافة المنظمة كلياً.

2- الجهود التدريجية المعممة المتراكمة من أجل تغيير أو إعادة تشكيل ثقافة المنظمة كلياً.

3- الجهود المبذولة لتغيير ثقافات فرعية محددة أو مضامين ثقافية للثقافة الكلية.

وقد أشار بعض الباحثين إلى أربعة مراحل لتغيير الثقافة المنظمية وهي:

1 مرحلة الوعي Awareness حيث يتم إدراك الحاجة إلى التغيير ، وأن هذا التغيير لا بد أن يقاوم في البداية.

2 مرحلة الغموض وفقدان الاتجاه Confusion حيث لا يتوفر اتجاه واضح في هذه المرحلة للتغيير.

3 تطوير رؤية استراتيجية Strategic Vision بمعنى استراتيجية متكاملة وواضحة للتغيير المستقبلي.

4 مرحلة التجريب Experimentation ، وذلك لتجريب الأفكار والتوجهات الجديدة.

وفي هذا السياق أيضاً أشار بورتر وستيرز Porter&steers إلى أربع وسائل تسهم في عملية تغيير المنظمة وهي:-

1- الإدارة، حيث إنها تقدم المثل والأنموذج.

2- مشاركة العاملين.

3- المعلومات المتحصلة من الآخرين.

4- العوائد والمكافآت.

أما فيما يتعلق بالخطوات التي يمكن إتباعها لإحداث التغيير فهي:-

1- حصر وتحديد الثقافة والسلوك المتبع من قبل العاملين في المنظمة.

2- تحديد المتطلبات الجديدة التي ترغب فيها المنظمة.

3- تعديل وتطوير السلوكات الجديدة وفق المتطلبات المرغوبة في المنظمة.

4- تحديد الفجوة والإختلاف بين الثقافة الحالية والسلوكات الجديدة، ومدى تأثيرها على المنظمة بشكل عام.

5- اتخاذ خطوات من شأنها أن تكفل تبني السلوك التنظيمي الجديد.

ومن الجدير بالذكر أن المنظمات الحديثة تتسم بالتغير السريع في بيئاتها، وبتعدد قوى العمل، ولذا فهي تحتاج إلى ثقافة تنظيمية قوية لا تحدد أنماط السلوك بدقة، وإنما تستطيع أن تتفاعل في ظل المعطيات الجديدة كالعولمة، والمنافسة وغيرها

الثقافة التنظيمية والأداء:

لقد اهتم الباحثون بالعلاقة ما بين الثقافة التنظيمية والأداء، وأدى ذلك إلى بروز ثلاث نظريات حول الموضوع:

أولاً:- نظرية الثقافة القوية: وهي تفيد بأن المنظمات ذات الثقافة التنظيمية القوية يكون أداؤها أفضل من المنظمات الأخرى، وذلك بسبب سهولة التحكم في سلوك الأفراد من خلال الإجماع على قيم مشتركة وأهداف مشتركة.

ثانياً:- نظرية التوافق: وهي تفيد بأنه لا بد من التوافق والتناغم بين الخدمات التي تقدمها المنظمة واستراتيجيتها، وهناك ثلاثة عوامل يمكن أن تؤثر على الثقافة وهي:

1 البيئة التي توجد فيها المنظمة

2 مطالب العملاء الزبائن ،

3 التوقعات الاجتماعية   توقعات المجتمع من المنظمة .

ثالثاً:- نظرية التكيف: وهي تفيد بأن المنظمات المرتبطة بالأداء المتميز هي المنظمات التي توجد فيها ثقافات تنظيمية تساعد على التكيف مع المتغيرات والمستجدات.

ومن الجدير بالذكر أنه قد وجدت عدة قيم سائدة في معظم الشركات الأمريكية الناجحة مثل: ليس هناك بديل للنوعية والخدمة المتميزة كن الأفضل. أعطِ اهتماماً للتفاصيل. كن بجانب الزبون. افعل ما يجب أن تفعله بشكل جيد. اعمل من خلال الآخرين وليس من حولهم أو من فوقهم . سهل عملية الإبداع وتحمل المحاولات الفاشلة.

وقد أشارت الأدبيات إلى بعض الآليات الحيوية لتغيير وإدارة الثقافة ومن أهمها:

1- التخطيط الاستراتيجي، وتحديد المتطلبات الثقافية الضرورية.

2- ضمان إتساق الثقافة مع رسالة، وأهداف، واستراتيجيات، وبنى، وعمليات الثقافة.

3- وضع نظام حوافز متسق، ونظم تقويم ناجحة وفعالة.

4- تطوير نظم مساءَلة وحصر أخطاء مناسبة.

5- الإشراف والمراقبة، والتدريب الرسمي، وغير الرسمي، وتحديد نماذج الدور.

6- تبني شعائر مناسبة، وطقوس، ورموز معينة.

7- وضع الصيغ الرسمية لقيم وفلسفة المنظمة.

8- الإفادة من نمو الثقافات الفرعية.

9- تدعيم وإدارة نظم الممارسة القوية.

وقد أشار سشن Schein,1992 إلى عدة متطلبات للنجاح التنظيمي يجب أن تأخذها الثقافة بالاعتبار وهي:-

1- المنظمة يجب أن تكون نشيطة ومبادرة.

2- المنظمة يجب أن تؤثر على البيئة لا أن تتكيف معها.

3- المنظمة يجب أن تكون برجماتية لا مثالية.

4- المنظمة يجب أن تتوجه للمستقبل لا للحاضر والماضي.

5- المنظمة يجب أن تتبنى التنوع لا التوحد.

ويزيد البعض الآخر فيشترط أن تتميز الثقافة التنظيمية بالتوجه نحو عمل الفريق Team oriented ، ونحو المعرفة والتعلم Knowledge& learning oriented ونحو بناء التحالفات والشراكة Alliance & partnership oriented .

الثقافة التنظيمية في السياق التربوي:-

هل من البساطة بمكان أن تكون هناك ثقافة تنظيمية للمؤسسة التربوية؟ إن الإجابة على هذا السؤال بالإيجاب أو الرفض تعتمد على مدى تفاعل المؤسسة التربوية مع مجتمعها من جهة، وعلى عراقتها وخصوصيتها وقدرتها على تطوير قيم، وأعراف، وتوقعات تنظيمية خاصة بها.

وأياً كانت الظروف فإن الإداري التربوي مطلوب منه أن يطور أو على الأقل يسهم في تطوير ثقافة تنظيمية خاصة بمؤسسته التربوية، وذلك من خلال خلق تاريخ خاص بالمؤسسة، وبلورة شعور واحد فيها، وتكريس مفهوم الانتماء لدى جميع العاملين.

ولعل مما يجب أن يتنبه له الإداري التربوي جيداً هو أن الثقافة التنظيمية هي ذات صلة وثيقة ومقررة بإدارة الإبداع، وبالإدارة التشاركية الأمر الذي يفرض على هذا الإداري الإيمان بالأسلوب الديمقراطي في العمل، والحرص على إشراك جميع ذوي العلاقة في عملية صنع القرار، مع ملاحظة أن الإداري يقوم بدور أساسي بالفعل في هذا المجال بحكم أنه هو الذي يقدم الأنموذج والمثل الأعلى للعاملين الآخرين.

إن تطوير ثقافة تنظيمية ديناميكية في الميدان التربوي لم يعد ترفاً في عالم اليوم حيث تشتد المنافسة، وتتفشى مترتبات العولمة، بل أصبحت ضرورة حيوية، ومن هنا فإنه مطلوب من الإداري التربوي القيام بكل ما يجب لتطوير هذه الثقافة التنظيمية، وبلورتها، وتدعيمها.

المراجع باللغة العربية: -

- حريم، حسين. 1997 . السلوك التنظيمي: سلوك الأفراد في المنظمات، دار زهران للنشر ، عمان.
- القريوتي، محمد. 2000 . السلوك التنظيمي: دراسة السلوك الإنساني: الفردي والجماعي في المنظمات المختلفة، ط31، دار الشروق، عمان.
- ملحم، أحمد. 2003 . الثقافة التنظيمية السائدة في المدارس الثانوية في الأردن، رسالة دكتوراة غير منشورة، جامعة عمان العربية للداسات العليا، عمان.
- الطويل، هاني. 2001 الإدارة التربوية والسلوك المنظمي، وائل للنشر، عمان.
- السلمي، علي. 1973 . السلوك الإنساني في الإدارة، دار المعارف، القاهرة.
- ناصر، إبراهيم. 1990 . مقدمة في التربية، دار عمان للنشر والتوزيع، عمان.
- عساف، عبد المعطي. 1994 . السلوك الإداري التنظيمي في المنظمات المعاصرة، دار زهران للنشر والتوزيع، عمان.
- العميان، محمود. 2002 السلوك التنظيمي في منظمات الأعمال، ط1، دار وائل للنشر ، عمان.
- كلارنس، أ. نيول. 1993 . السلوك الإنساني في الإدارة التربوية، ترجمة محمد الحاج خليل، وطه الحاج الياس، دار مجدلاوي للنشر والتوزيع، عمان.
- المغربي، كامل. 1994 . السلوك التنظيمي: مفاهيم وأسس سلوك الفرد والجماعة في التنظيم، ط3، دار الفكر للطباعة والنشر ولتوزيع، عمان.
- الهيجان، عبد الرحمن. 1992 أهمية قيم المديرين في تشكيل ثقافة منظمتين سعوديتين، الهيئة الملكية للجبيل وينبع وشركة سابل، مجلة الإدارة العامة.
- المدهون، موسى، الجزراوي، إبراهيم. 1995 ، تحليل السلوك التنظيمي، ط1، المركز العربي للخدمات الطلابية، عمان.

المراجع بالانجليزية:-

-Hodge, Anthony. 1991. Organizational theory: a strategic approach, Allyn and Bacon, London.
-Gibson, James and others. 1994 organizations: behavior, structuHome .th ed 8 ,re and processes .Irwin ,.III ,wood
,Luthans -F.Hill book Co -McGraw :Y .N .th ed6 ,al behaviorOrganization .1992 .red
Organizational behavio ,Angelo 1992,:Kinicki &Robert ,Kreitner -rI .III ,nd ed Home wood2 , .RWIN

& Tom ,Peters - waterman, Robot. 1982. In Search of Excellence, Harper& Row, New York.

- Kimberly, J.R.R. Miles, and associates, 1981 The organizational lif ecycle, san Francisco; Jossey-Bass publishers.

- Mintzberg, H., 1979. The structuring of organizations. Englewood cliffs, N.J.: prentice- Hall.

-Robbins s.p., 1983 Organizational behavior; concepts, contrivers, and applications, Englewood clefts, N.S.: prentice- Hall, Inc.,.

-Deal, Terrence E., and Kennedy, Allan. 1982. Corporate life. Reeding , mass.: Addison- Wesley.

The role of the founder in creating orga .1983 .Edgar ,Schein -nOrganizational ".,izational culture .Summer .dynamics

e and teacher job satisfactionorganizational cultur 1999 .Annette &Wanda ,Lenox -of elementary Unpublished doctoral disser .schoolstatio nuniversity of Colorado state, U.S.A.

- Robbins. 1998, organizational behavior, & edition, New Jersey: printice- Hall.

- Hansom, Mark. 1996, Educational administration and organizational behabior, Allyn and Bacon, London

التطوير التنظيمي

Organizational development

مقدمة:-

إن مما لا شك فيه أن الإنسان المعاصر يعيش في زمن تتسارع فيه التغيرات وتلقي بظلالها على كافة مناحي الحياة، ولعل النظم التربوية في كافة المجتمعات تكافح من أجل مواكبة هذه التغيرات المتسارعة والتكيف مع مستلزماتها ومعطياتها، والواقع أن هذا لم يعد كافياً في هذا العصر ، حيث أن النظم التربوية المشار إليها آنفاً لا تستطيع أن تكتفي بردات الفعل، بل إن عليها أن تستوعب عملية التغيير وتتفاعل معه، كما إن عليها في الواقع أن تكون رائدة في إحداثه، وبهذا المعنى لا تكون تابعة لحركة المجتمع بل رائدة في تحديثه وإصلاحه والسير به قدماً إلى الأمام.

وإذا كنا نتحدث عن عملية التغيير أو التطوير الذي تقوده الأنظمة التربوية فإننا في الواقع نتحدث عن دور محوري تقوم به الإدارة التربوية المسؤولة حكماً عن النظام التربوي وعملياته وتفاعلاته، وفي هذا السياق يمكننا الإشارة إلى أن تحولات جذرية قد حدثت في مجال إدارة التعليم حيث بدأت بالتركيز في الستينيات على المدخلات من حيث الاهتمام بالتوسع التعليمي، وقد أطلق على هذه المرحلة "فترة الراحة" Comfortable Era ومن الواضح إن التركيز في هذه المرحلة كان على التوسع الكمي فيما أطلق عليه كومبز Combs لعبة الأعداد The numbers game وقد تلت هذه المرحلة مرحلة أخرى تابع فيها العالم نواتج ما أنفقه على التعليم، وقد برزت في هذه المرحلة دراسة كولمان Colman عام 1966 والذي تصدى لدراسة العلاقة بين مدخلات التعليم ومخرجاته Inputs outputs .

أما في المرحلة الثالثة: وهي مرحلة الثمانينات - فقد أطلق عليها الفترات الصعبة Hard times وقد تزايد فيها الاهتمام بجماعات المصلحة العامة في التعليم، وتدخل الآباء، والأهم من ذلك تقليل نسب الإنفاق على التعليم.

كما تميزت هذه المرحلة بالتركيز على العمليات Processes كمدخل لتحسين جودة التعليم.

أما مرحلة الستينيات فقد تميزت بظهور العديد من المداخل والأساليب الحديثة في إدارة التغيير التربوي، وذلك من خلال الربط الوثيق بين إدارة التغيير بالمدرسة كمستوى تنفيذي مسؤول مباشرة، ومن بين هذه المداخل:

1- إدارة المخرجات Outcomes management

2- الإدارة التشاركية للمدرسة Collaborative school management

3- الإدارة الذاتية للمدرسة School self management

4- مداخل التطوير التنظيمي، حيث يرتبط بها إعادة تنظيم بنية المدرسة Restructuring Schools بما يمكنها من إدارة التغيير التربوي بفعالية.

مفهوم التطوير التنظيمي:-

لعلنا يجب أن نشير في البداية إلى أن مصطلحات التغير والتطوير والتحديث والتجديد هي ذات مضمون واحد في النهاية وهو إحداث تحول في مستوى ما في المنظمة وعلى هذا الأساس يتم استخدامها بصورة تبادلية في الأدبيات التربوية، وقد ورد في المعجم الوسيط عن التغيير، "غيّر الشيء أي بدَّل به وغيّره، أو جعله على غير ما كان عليه، ويقال غيرت داري أيّ بنيتها بناءاً غير الذي كان"، أما على مستوى المنظمة فقد عرّف ريتشارد بكهارد Richard Beckhard التغيير أو ما اصطلح على تسميته " التطوير التنظيمي المنظمي على أنه "جهد مخطط واع على مستوى المنظمة ويدار من قبل السلطة العليا فيها، لزيادة فعاليتها وصلاحيتها من خلال التغيير التدخل المخطط في عملياتها باستخدام معارف السلوك، وقد عرّفه فريلاندر وبراون Frienlander&Brown كما ورد في القريوتي 2000 بأن تطوير التنظيم هو جهد شمولي مخطط يهدف إلى تغيير وتطوير العاملين عن طريق التأثير في قيمهم ومهاراتهم وأنماط سلوكهم، وعن طريق تغيير التكنولوجيا المستعملة، وكذلك العمليات والهياكل التنظيمية، وذلك سبيلاً لتطوير الموارد البشرية والمادية، أو تحقيق الأهداف التنظيمية معاً، وباستقراء التعريفين السابقين يمكن استخلاص ما يلي:

1- التطوير المنظمي جهد مخطط.

2- التطوير المنظمي شامل على مستوى المنظمة ككل .

3- للإدارة وبالذات العليا دور رئيسي فيه.

4- يرمي إلى تفعيل دور المنظمة.

5- يتم الإفادة من نتائج العلوم السلوكية في إحداثه.

6- ينطوي على تعديل اتجاهات وقيم العاملين وصولاً إلى تغيير سلوكاتهم.

7- يتوسل بتغيير التكنولوجيا، وكذلك العمليات.

خصائص التطوير التنظيمي:-

هناك عدة خصائص للتطوير المنظمي يمكن أن نجملها على الشكل التالي:-

1- التطوير المنظمي ضروري، ويأخذ وقتا أكثر من اللزوم، ويمكن ألاّ يكون منظماً.

2- التطوير المنظمي عملية مستمرة.

3- الموازنة بين التطوير المنظمي ورسالة المنظمة هو تحدٍ.

4- يحتاج الناس في المنظمات إلى الدعم لإدامة التغيير.

5- إنّ دور الإداري التنفيذي مهم، كما أن تدخل الهيئة الإدارية والتعليمية Board&staff هو ضروري.

6- يستطيع المستشارون الجيدون لعب أدوار مساعدة، ولكنهم لا يستطيعون القيام مقام الهيئة الإدارية والتعليمية.

7- توزيع العمل هو تصرف حكيم في سياق عملية التطوير.

وقد ارتأى البعض أن من أهم سمات التطوير التنظيمي أنه نشاط مخطط، وذو بعد منظمي، ويدار من أعلى، ويفترض أن يزيد من الفاعلية التنظيمية.

أهداف التطوير التنظيمي:

يميل بعض الباحثين إلى اختصار أهداف التطوير التنظيمي في هدفين رئيسيين اثنين هما: تعزيز فعالية المنظمة، وتحقيق رفاه العاملين أو رضاهم على الأقل، ومن الواضح أن تحقيق الهدفين يعود بالضرورة إلى تحقيق المنظمة لأهدافها المرسومة.

وقد رأى الدرفير Alderfer أن القيمتين الأساسيتين لمفهوم تطوير المنظمة هما أنسنة النظام To humanize organization وهو تعبير عن استهداف رضا العاملين ورفاههم، وتحسين فاعلية النظام To improve effectiveness وإذا شئنا مزيداً من التفعيل   فإن الأهداف التي يسعى إليها التطوير التنظيمي يمكن أن تجمل على النحو الذي لخصه جون شيرود   John Sherwood :

1- إشاعة جو من الثقة بين العاملين على كافة المستويات التنظيمية.

2- خلق جو منتج في التنظيم يتسم بالوضوح والشفافية.

3- تزويد صانع القرار بالمعلومات التي يحتاجها.

4- محاولة التوفيق بين أهداف التنظيم، وأهداف العاملين بما يحقق رضاهم ومصلحة التنظيم.

5- توفير علاقة تكاملية بين العاملين بما يجعلهم فريقاً واحداً.

6- استيعاب أنماط القيادة التنظيمية، وأساليب الاتصال وفق إدارة الصراع.

7- اتخاذ أساليب إدارية وديمقراطية كالإدارة بالأهداف Management by objectives بدلاً من إدارة الأزمات Crisis management .

8- تشجيع العاملين على الضبط الذاتي Self control استكمالاً للرقابة الخارجية.

أما اللوزي 2003 فقد لخص هذه الأهداف على النحو التالي:-

1- الارتقاء بمستوى الأداء.

2- تحقيق درجة عالية من التعاون.

3- تقليل معدلات الدوران الوظيفي.

4- التجديد في مكان العمل.

5- تطوير الموارد البشرية والمادية.

6- إيجاد التوازن مع البيئة المحيطة.

7- ترشيد النفقات.

8- استخدام الأسلوب العلمي لحل المشكلات.

9- تحديث وتطوير أنماط السلوك في المنظمات.

أسباب التطوير التنظيمي:-

يجمل بعض الباحثين هذه الأسباب على أنها أسباب اجتماعية ، واقتصادية، وتقنية، وبالطبع فإن هذا ليس كافياً حيث لا بد من الإشارة إلى الأسباب السياسية، والمعرفية،، وغيرها، وفي هذه الحالة فإننا نتحدث عن التغيرات التي يمكن أن تحصل على التوجهات السياسية، وتبدل القوانين والتشريعات وتغير نظرة الجمهور، وتوقعاته من المؤسسات، والانفجار المعرفي، وبالذات ما يتعلق فيه بالعلوم السلوكية، وقد لخص المساد 2003 الأسباب الكامنة وراء التطوير على النحو التالي:-

1- التحديات الوطنية والعالمية كالأمية، والثورة المعلوماتية، والعولمة.

2- الابتكارات والاختراعات الجديدة Inventions

3- تغيير في الموارد Changes in resources

4- التغييرات الاجتماعية   Social Changes

5- التبدلات البيئية   Environmental alterations

6- التطويرات التكنولوجية   Technological Improvements

7- التغييرات السوقية   Market Changes

8- التغييرات السياسية   Political mores

9- التغييرات في التشريعات   Changes in legislation at home or abroad

ومن الواضح أن قلة من هذه الأسباب متعلق بعوامل داخلية في المنظمة، ولكن أكثرها يتعلق بالعوامل الخارجية والبيئية كالاختراعات التكنولوجية، والسياسات، وظروف السوق، والتغيرات المجتمعية، ونقص الموارد وغيرها، وغير بعيد عن هذه النظرة ما ذهب إليه بعض الباحثين من أن دواعي التغيير يمكن أن تكون قوى خارجية تحفز على التغيير، وقوى أخرى داخلية تحرك التغيير، وينطوي تحت القوى الخارجية زيادة مدة المنافسة، وتسارع التغيير التكنولوجي، والتغييرات المجتمعية، على كافة الصعد، كما ينطوي تحت القوى الداخلية التغير في هياكل العمالة وأساليب العمل، وطرائق التخطيط، ونمط العلاقة السائد بين السلطة والمسؤولية.

وفيما يتعلق بالمنظمة بالذات ، فقد أشارت المرايات 2005 إلى عدد من أسباب التغيير على النحو التالي:-

1- البيئة: حيث تجد المنظمة نفسها مضطرة للتغيير تجاوباً مع احتياجات البيئة الخارجية.

2- تغيير أهداف المنظمة: حيث إن أي تغير في أهداف المنظمة يستدعي تغييراً في البناء التنظيمي،وبالذات ما يتعلق بتقسيم العمل.

3- انخفاض الروح المعنوية: حيث يفرض التغيير نفسه في المنظمة رفعاً لمعنويات العاملين فيها.

4- الهيكل التنظيمي: حيث إن من المعروف أن تغيير خطوط السلطة، وتقسيم العمل، وتحديد الأدوار والمسؤوليات تتعلق جميعها بتغيير الهيكل التنظيمي.

5 -التطور التكنولوجي: حيث إن هذا التطور يؤدي حكماً إلى تغيير منظمي على المستويين: المادي والبشري.

6- تغيير القوانين: حيث إن أي تغيير في قوانين وأنظمة الدولة تفرض تغييراً في المنظمة كي تنسق تشريعات المنظمة مع تشريعات الدولة، ومن البديهي أن أي تغيير في التشريعات يستتبع تغييراً في طبيعة عمل المنظمة.

أنواع التطوير التنظيمي:-

لقد أشارت الأدبيات إلى عدة أنواع من التغيير فقد أشار" جيزلز" مثلاً إلى ثلاثة أنواع من التغيير من حيث استجابتها أو عدم استجابتها لمتغيرات البيئة الخارجية للمنظمة، وهذه الأنواع هي:-

1- التغيير المعزز أو المدفوع Enforced change

وهذا يحدث عندما يفرض البعد الثقافي من خارج المنظمة ضغوطاً عليها حيث يجب عليها أن تستجيب ، فالتغيير هنا يكون على شكل تكيف Accommodation .

2- التغيير العرضي: Expedient change

حيث إن آلية التغيير هنا هي ردة الفعل، ذلك أنه عندما تتعاظم الضغوط على المنظمة تتكون ردات فعل داخلية لها، وهنا قد يحدث هذا التغيير للتخلص من الضغوط، وبمعنى آخر فإن التغيير يحصل من أجل تجنب التغيير.

3- التغيير الضروري: Necessary change

حيث إنّ آلية التغيير هنا هي التطوع، وما يجب ملاحظته هي أنّ التغيير ليس بسبب الضغوط الخارجية أوردة فعل ضغوط داخلية مقابلة، بل متولدة من إرادة وخيال بشر يتوقون لتحقيق الذات.

وقد أورد هانسن Hanson تصنيفاً آخر وبالذات في المجال التربوي ، اشتمل على ثلاثة أنماط هي:-

1- التغيير المخطط Planned change

وهو محاولة مقصودة داعية لتعديل مسار الأحداث بحيث يوجه المخرج لغاية محددة سلفاً كاستعمال الأهداف السلوكية كمحتوى أساسي في العملية التربوية، ويجب الإشارة هنا إلى أن أي فرد في المنظمة يمكن أن يبادر بتغيير مخطط سواء أكان مسؤولاً أو غير مسؤول عن قيادة منظمة.

2- التغيير التلقائي Spontaneous change

وهذا التغيير هو تعديل Alteration وهو يحدث في وقت تغيير كنتيجة طبيعية وحوادث عشوائية كأن يقوم المرشد التربوي بعمل مساعد المدير الذي انتقل لإشغال وظيفة في مكان آخر، وفجأة يصبح أي المرشد مديراً بسبب موت مدير المدرسة.

3- التغيير التدريجي:- Evolutionary change

وهو جملة نتائج تراكمية بعيدة المدى نجمت عن تغييرات Alterations رئيسية وفرعية في المنظمة كوضع الطلبة من ذوي الأصول الأساسية في الولايات المتحدة ضمن صفوف مطورة ذات إمكانيات والتي جاءت نتيجة لعدد من القرارات القضائية والمساعدات الفيدرالية وغيرها.

كما صنف بعض الباحثين التغيير التطوير على النحو التالي:-

1- التغيير على مستوى المنظمة de approachSystem wi

2- التغيير على مستوى التفاعل بين الفرد والتنظيم Individual organization interprets

3- التغيير على نمط العمل الفردي Concern with personal work style

4- التغيير في العلاقات الشخصية Interpersonal analysis of relationships

مجالات التطوير التنظيمي

إنّ هناك مجالات عديدة للتطوير التنظيمي، وقد أشار "سيزولا" قي إلى أربعة مجالات هامة لهذا التطوير هي:

1- تقنية التنظيمات وتتضمن بالطبع كل ما يتعلق بتوظيف التكنولوجيا في المنظمة.

2- تغيير اتجاهات وقيم الأفراد العاملين أي البعد الإنساني.

3- تغيير المهام والوظائف، من حيث تقييمها وتوصيفها وغير ذلك.

4- الهياكل التنظيمية مع الأخذ بالاعتبار أن التغيير في الهيكل التنظيمي يعتبر مدخلاً لتغييرات هامة في نمط عمل المنظمة، ويوضح الشكل التالي هذه المجالات.

مراحل التطوير التنظيمي:-

لقد أوضح نورث كرافت ونيل North&N eal,1990 أربع مراحل تمر بها عملية التطوير وهي:

1- مرحلة التشخيص Diagnosis وتتضمن ثلاث مهام هي: تعريف المشكلة، تحديد أسبابها، والحلول الملائمة لها.

2- مرحلة إذابة الجليد Unfreezing وفي هذه المرحلة تتم تهيئة الجو للتغيير وبالذات من خلال إضعاف الاتجاهات والقيم المناقضة لفلسفة التطوير.

3- التطوير Change وفي هذه المرحلة يتم التغيير مباشرة من خلال الدعوة لقيم جديدة، واتجاهات مستحدثة، ومن خلال استخدام تكنولوجيا جديدة.

4- إعادة التجميد Re freezing ويتم في هذه المرحلة خلق حالة من الاستقرار التي تمكن من تثبيت التغيير، وتعزيز ركائزه، ويوضح الشكل التالي هذه العملية

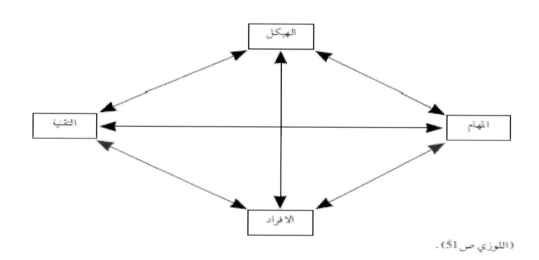

(اللوزي ص 51).

اللوزي ص 51 .

استراتيجيات التطوير التنظيمي:-

لقد أشارت الأدبيات إلى استراتيجيات كثيرة للتعامل مع التطوير التنظيمي، فقد رأى شين وكينيث Chin&Kenneth ثلاث استراتيجيات هي:

1- إستراتيجية العقلانية الميدانية: Empirical rational

وهي تقوم على الجانب المعرفي البحثي، وفي إطارها يتم تدريب العاملين، وتعليمهم، فضلاً عن تشجيع إجراء البحوث العلمية.

2- إستراتيجية القوة القهرية Power coercive

وفي إطار هذه الإستراتيجية يتم استخدام القوة ممثلة في العقوبات والجزاءات لكي لا يقف أحد في وجه التطوير، والواقع أن هذه الإستراتيجية قد تكون فعالة أحياناً، ولكن من المستبعد أن تكون كذلك على المدى الطويل.

3- إستراتيجية التثقيف والتوعية Normative Reeducative

وتنطلق هذه الإستراتيجية من الاعتقاد بأن العائق الرئيسي أمام التطوير هو عدم اقتناع العاملين بأهمية التطوير أو عدم رغبتهم فيه أو خوفهم منه، ولذا يتم اللجوء للتثقيف والتوعية، وتسمى هذه العملية أحياناً بالتجدد الذاتي. Organizational self-renewal

ومن جهة أخرى أشار القريوتي 2000 إلى عدد من الاستراتيجيات أهمها:-

1- تشكيل فرص العمل.

2- إجراء المسوحات.

3- إدارة الجودة الشاملة.

4- الهندرة الهندسة الإدارية .

5- التدريب المختبري.

6- لعب الأدوار.

وفي المجال التربوي بالذات ذكر البهواشي 1995 عدداً من الاستراتيجيات لإحداث التطوير التغيير التربوي ومنها:

1- التغيير عن طريق الإقناع والإغراء: Change by advocacy and persuasion .

2- استراتيجية التغيير عن طريق السلطة Change by power

3- التغيير عن طريق المدخل المفتوح Change by open input

4- التغيير عن طريق التجديد المنظمي Change by organizational renewal

ومن الواضح أن بعض هذه الاستراتيجيات يتشابه في مضمونه مع الاستراتيجيات السابقة، ولعل من الواضح أن إستراتيجية واحدة قد لا تفلح في إنجاز التطوير، وبالتالي فإن الإدارة المعنية به قد تستخدم أكثر من إستراتيجية. مع الأخذ بالاعتبار أن هناك ثلاثة مداخل لإحداث التطوير التغيير وهي:-

المداخل الهيكلية التي تدخل التغيير من خلال تعديل الهياكل التنظيمية وما يترتب عليها من تغيير في وصف العمل ومتطلباته، والمداخل التكنولوجية التي تدخل التغيير من خلال تغير التكنولوجيا المستعملة على فرض أن تغيير تكنولوجيا العمل يستتبع تغييراً في العمل ذاته وربما فيمن يعمله، وأخيراً مداخل الأفراد القائمة على تعديل معتقدات وقناعات وقيم العاملين حيث يترتب على ذلك تغيير سلوكاتهم وبالتالي تطوير المنظمة التي يعملون بها.

مقاومة التطوير التنظيمي:-

عرّف حمدية 1994 مقاومة التغيير بأنها السلوك الهادف إلى وقاية أو حماية الشخص من آثار تغيير حقيقي أو متصور، وفي العادة هناك أسباب عديدة لمقاومة التطوير لعل من أهمها:-

1- الخشية من الاستغناء عن بعض الوظائف نتيجة للتغيير.

2- إحداث تغيير في عضوية الجماعات وتأسيس جماعات جديدة.

3- التأثير على المداخيل المادية للأفراد.

4- تغيير بعض المواقع الجغرافية للعمل.

5- التغيير في محتوى الوظيفة.

6- تعديل ظروف العمل وأوقات الدوام.

7- التأثير على المعتقدات والقيم السائدة.

8- نقص المعلومات عن التطوير المطروح.

9- الخوف من المجهول.

10- رسوخ العادات والأعراف وبالذات فيما يتعلق بأداء العمل.

11- الشعور بالتهديد.

12- غياب المعلومات الدقيقة.

13- الميل للماضي والتخوف من المستقبل لما قد ينطوي عليه من مخاطر.

ولعلنا يجب أن نوضح هنا أن الأفراد يقاومون التطوير لسبب أو لآخر من الأسباب السالفة الذكر، وربما لعدة أسباب مجتمعة، فقد يقاوم شخص خوفاً على دخله المادي، وقد يقاوم آخر بسبب إمكانية تعديل ظروف العمل وأوقات الدوام، وقد يقاوم ثالث بسبب احتمالية تغيير موقع العمل وهكذا، وللتغلب على هذه المقاومة للتطوير، فإنه لا بد للإدارة المطورة من أن تتجنب المفاجآت وتوفر الحوافز لتقبل التطوير والتحمس له، وتستعين بالقادة المؤثرين غير الرسميين، وتبني أسلوب إشراك جميع المعنيين باتخاذ قرارات التطوير، والعمل على بلورة رؤية للتطوير يتم تعميمها وتعريف العاملين بها، فضلاً عن محاولة تحقيق مكاسب ملموسة، ومكافأة الذين ساعدوا في تحقيقها، فضلاً عن اختيار التوقيت المناسب، وتدريب العاملين، والإفادة من استطلاعات الرأي، ومع أن الأسباب السالفة تنطوي على سلبيات لا شك فيها إلا أننا يجب أن نضيف بأن مقاومة التغيير لها فوائد لا يمكن إنكارها فهي تدفع المنظمة إلى إيضاح فلسفة التغيير وأهدافه ووسائله، كما أنها قد تكشف ضعف نظم الاتصال والحوافز، فضلاً عن أنها قد تدفع بالعاملين إلى إعادة النظر في فوائد التغيير ومزاياه، وكذلك في طرائق معالجة المشكلات واتخاذ القرارات.

إدارة مقاومة التطوير التنظيمي:-

إن هناك عدة طرق يمكن أن تتبعها المنظمة للتعامل مع مقاومة التطوير وأهمها:

1- التعليم والاتصال Education&communication وذلك بهدف مساعدة العاملين على إدراك الحاجة للتطوير، وقد يكون ذلك من خلال المناقشات الفردية، والتقارير وغير ذلك، وتتبع هذه الاستراتيجية عادة عندما يكون هناك قصور في مجال المعلومات أو تشويه متعمد أو غير متعمد لها.

2- المشاركة والاندماج participation&involvement حيث أن المشاركة في عملية التطوير تضمن الحماسة لتنفيذه، فضلاً عن أنها يمكن أن تضمن فعالية التطبيق، ويُلجأ إلى هذه الطريقة عادة عندما يمتلك المتأثرون بالتطوير قدرة عالية على مقاومته، وسلبيتها الكبرى أنها قد تحتاج إلى وقت طويل.

3- التسهيل والدعم Facilitation&support وتقوم هذه الإستراتيجية على تأهيل العاملين وتدريبهم، وسلبيتها أنها كسابقتها قد تستغرق وقتاً طويلاً، فضلاً عن أنها قد تكون مكلفة.

4- التفاوض والاتفاق agreement&Negotiation وهي تستخدم عند وجود جهة متضررة من عملية التطوير، وفي نفس الوقت تكون قادرة على مقاومته، وتتميز بالسهولة نسبياً، غير أن كلفتها قد تكون عالية.

5- الاستغلال واختيار الأعضاء Manipulation &co potation وفي إطار هذه الإستراتيجية يتم تعيين العضو المختار من قبل العاملين في موقع هام لضمان موافقته على عملية التطوير، وهذه الإستراتيجية سريعة وغير مكلفة، ولكنها قد تؤدي إلى مشكلات إذا شعر العاملون بأنه قد تم استغلالهم.

6- الإكراه الظاهر وغير الظاهر Explicit&Implicit coercion وبموجب هذه الإستراتيجية يتم إجبار العاملين على التطوير، وقد يتم تهديدهم بالنقل أو الحرمان من الترقية أو غير ذلك، ويُلجأ عادة إليها عندما تكون السرعة ذات أهمية، وعندما يكون لدى إدارة التطوير قوة كبيرة، أما سلبيتها فهي أنها قد تثير استياء العاملين من منشئ التطوير.

ولعل من المفيد هنا الإشارة إلى اجتماع خبراء استشراف آفاق الإدارة التربوية في البلاد العربية الذي عقد في دولة الإمارات العربية خلال الفترة الواقعة بين 5/28 6/2 /2000 والذي تم فيه عرض دراسة حول التجارب والتجديدات التربوية حيث كان من أبرز توصياتها:-

1- محاولة بناء رؤية مستقبلية للمؤسسة التربوية، وغرس التغيير في ثقافة المؤسسة.

2- تأمين دعم الإدارة العليا وصناع القرار الرئيسيين.

3- تعهد وتنمية قادة للتغيير في المؤسسات التربوية.

4- خلق المناخ المناسب للتغيير والاستثمار الرشيد للإمكانات المتاحة.

5- تطوير نظام اتصال فعال يؤمن التكامل والتنسيق بين وحدات المؤسسة.

6- اعتماد النهج الديمقراطي القائم على إشراك كل ذوي العلاقة.

7- تأمين المعلومات الكمية والنوعية للعاملين على التطوير.

الأبعاد الأخلاقية للتطوير التنظيمي:

إن مما لا شك فيه أن التطوير المنظمي قد ينطوي على بعض الإشكاليات الأخلاقية التي لا بد من ملاحظتها، والتحسب لها، والتعامل معها، وقد أورد المؤمن 1997 عدداً منها:

1- اختيار استراتيجيات التدخل أو طرق إحداث تغيير ملائمة في المنظمة، بمعنى أن استخدام أية طرق غير مرغوبة هو أمر غير أخلاقي.

2- استخدام المعلومات التي تتولد وتتجمع أثناء عملية التغيير بصورة صحيحة وعادلة.

3- اعتمادية المنظمة على وسط التغيير بشكل دائم حيث يجب أن تتميز المنظمة بالاستمرارية والقدرة على تجديد نفسها.

4- حرية الاختيار فيما يتعلق بالمشاركة في برنامج التطوير المنظمي، وعدم الإكراه، أو استغفال العاملين لإشراكهم في البرنامج التطويري.

إن مسالة الأبعاد الأخلاقية مسألة حساسة وهي تعيدنا بالتأكيد الى ضرورة مراعاة المبادئ الخلقية ومفردات الدستور الأخلاقي المهني Code of Ethics عند تطبيق برنامج التطوير المنظمي.

التطوير التنظيمي في السياق التربوي:-

إنّ المؤسسة التربوية بطبيعتها محافظة، لاعتقادها بأنها القيّمة على الإرث الثقافي للمجتمع، ولذا فإنها تظل مترددة في قبول فكرة التطوير بحد ذاتها، ولعلّ هذا يفرض على الإدارة التربوية تحدياً من نوع خاص وهو إشاعة ثقافة التطوير في المؤسسة التربوية وتكريسها.

وإذا تذكرنا بأنّ العصر الذي نعيش فيه هو "عصر التغيير" بالفعل حيث تحدث التغييرات وتتسارع في كل يوم وفي كل المجالات أدركنا أهمية أن تصبح فكرة التطوير التغيير فكرة مقبولة وشائعة ومأخوذاً بها في المؤسسة التربوية ومن ثم في المجتمع.

ومما تجدر الإشارة إليه أن إحداث التغيير في المؤسسة التربوية هو أمر غاية في الصعوبة لسبب بسيط معروف هو أنّ هذه المؤسسة مكلفة بتعليم الإنسان وتصويب سلوكه وتنمية شخصيته وهو كائن معقد، ولذا فإنّ الإدارة التربوية يجب أن تكون متعمقة في نظرتها لموضوع التطوير وأهدافه ومراحله واستراتيجياته.

ولعلنا يجب أن نضيف هنا بأنّ الإدارة التربوية التي تضطلع بمسؤولياتها في الدول النامية تواجه مشكلات أكبر في إحداث التغيير من مثيلاتها في الدول المتقدمة، ذلك أن الدول المتقدمة بحكم أنها مجتمعات صناعية تكنولوجية متقدمة تتقبل فكرة التغيير وتتبناها بأسرع مما تفعل الدول النامية التي تعتبر مجتمعات تقليدية" لا تؤمن كثيراً بالتغيير بل وقد تقاومه.

إن الإدارة التربوية قد تتناول جانباً معيناً بالتطوير وقد تتناول عدة مجالات مجتمعة كالهياكل التنظيمية، والوظائف وغير ذلك، ولكن الأهم بالنسبة لها بغير شك هو مجال الاتجاهات والقيم حيث أنّ المهمة الأولى والأهم للمؤسسة التربوية هي تعديل سلوك الإنسان ولا يمكن تعديل سلوك الإنسان بدون تعديل نظامه القيمي Value system.

وفيما يتعلق بالاستراتيجيات التي يمكن أن تأخذ بها الإدارة التربوية فإنّ استراتيجيات التثقيف والتوعية Normative reeducative التي تمت الإشارة إليها آنفاً هي الأكثر مناسبة لطبيعة الوظيفة التربوية، الأمر الذي يعني بأنّ الإدارة التربوية المعنية يجب أن تعمل على إقناع العاملين بضرورة التطوير وأهميته بالنسبة لهم كأفراد بالنسبة لمؤسستهم كتنظيم.

وبالطبع فإنّ ذلك لا يعني إغفال الإستراتيجيات الأخرى التي قد تكون ناجحة أيضاً في بعض المواقف وبخاصة الحديثة منها كإدارة الجودة الشاملة، والهندرة، ولعب الأدوار وغيرها.

المراجع بالعربية

1- القريوتي، محمد. 2000 . السلوك التنظيمي: دراسة السلوك الإنساني الفردي والجماعي في المنظمات المختلفة، ط3، دار الشروق، عمان.

2- المؤمن، قيس وزملاؤه. 1997 ، التنمية الإدارية، دار زهران للنشر، عمان.

3- الطويل، هاني. 2001 ،الإدارة التربوية والسلوك المنظمي، دار وائل للنشر، عمان.

4- المساد، محمود. 2003 ، الإدارة الفعالة, ط1،مكتبة لبنان- ناشرون، بيروت.

5- الخطيب، أحمد. 2001 ، الإدارة الجامعية: دراسات حديثة، مؤسسة حمادة للدراسات الجامعية والنشر والتوزيع، إربد، إربد.

6- البهواشي، عبد العزيز. 1995 ، إدارة التغيير في التربية وإدارته في الوطن العربي، المؤتمر السنوي الثالث للجمعية المصرية للتربية المقارنة والإدارة التعلمية، جـ 5 .

7- الطيب ، حسن. 1988 محاور لتنمية التجارة الإبداعية في استراتيجيات الإصلاح والتطوير الإداري، مجلة الإدارة العامة، العدد 59 .

8- الشماع، دخيل، حمود، كاظم 2000 ، نظرية المنظمة، دار المسيرة للطباعة والنشر والتوزيع، عمان.

9- الدهان، أميمية. 1992 ، نظريات منظمات الأعمال، ط1، مطبعة الصفدي، عمان.

10- الخضيري، محسن. 1993 ، إدارة التغيير، الدار الفنية للنشر والتوزيع، القاهرة.

11- درة، عبد الباري. 1981 ، التغيير في المنظمات، مجلة البحوث الاقتصادية والإدارية، المجلد 9 ، العدد 4 .

12- الأعرجي، عاصم. 1995 ، دراسات معاصرة في التطوير الإداري، دار الفكر للطباعة والنشر والتوزيع، عمان.

13- أبو حمدية، أيمن. 1994 ، اتجاهات العاملين نحو التغيير التنظيمي في الشركات الصناعية المساهمة في الأردن، رسالة ماجستير غير منشورة، الجامعة الأردنية،عمان.

14- اللوزي، موسى. 2003 ، التطوير التنظيمي : أساسيات ومفاهيم حديثة، ط2، دار وائل للنشر، عمان.

15- العميان، محمود. 2004 ، السلوك التنظيمي في منظمات الأعمال، ط2، دار وائل للنشر، عمان.

16- سيزولاقي، أندرو والاس، مارك. 1991 ، السلوك التنظيمي والأداء، ترجمة جعفر أبو القاسم، معهد الإدارة العامة ، الرياض.

17- كاظم، حمود. 2001 ، السلوك التنظيمي، دار صفاء للنشر، عمان.

18- أحمد، أحمد إبراهيم. 2004 ، التطوير التنظيمي في المؤسسة التعليمية، دار الوفاء لدنيا الطباعة والنشر، الإسكندرية.

المراجع بالانجليزية:-

"1977 ,.p.c ,Alderfer" -1organization Development annual review of psychology.

2- Richard Beckhard,1969 organization development strategies and models, Reading, Mass: AddsionWesley publishing co.

3 -Neal, Daniel C., William, Baily, and billy E. Ross, improvement 1981 strategies for school coopertive Planning and organization development. Boston: Allvn & Bacon, Inc.

4- Kirpatrick, Donald . 1985How to manage effectively, San Francisco: Jossey Bass Publisher

5 -Senior,B.1997, Organizational change, pitman.

6- Bennetts,R. 1996, Orga.pitman ,nizational behavior

in weekly Narayanan 1993 ,Zawale .a.H Ben and R.C,French .L.W7aa :Organization theory ,nd Raghn Nath .Irwin :.111 ,Homewood ,strategic approach

An introduc ,1978 .,John Sherwood-8tzation dion to Organie.velopenent In Robert T Golebiewski and William B. Eddy ed Organization development in public administration, Part 1 New York: Marcel Dekker, Inc.

9-Bachanan, David & Haezzynski..1997 organizational behavior, Bed, prentice Hall, New York.

10-Robbins, Stephen.1998, Organizational behavior, 8ed, prentice Hall, New Jersey.

11-Ross, Kenneth & Mahlck Editors, 1990 planning the quality of, Education: the collection and use of date for informed decision making, Unesco, international Institute for educational planning, per- amon press

12 ,1991 .Brucew ,Tuckman-oEduca ,a decision making model for education :utcome managementtion .Technology

13 implications for School leaders NASSAP Bul :collaborative School management ,1991 .Peter ,Murphy- 1 .etion

14   &Gregory- N orth craft and MargaretA.Ne al co. 1990, organizational behavior, the Dryden press, U.S.A.

15-Robert, chin & Benna, Kenneth. 1969, General strategies for effecting changes in human systems, New York: Holt, Rinehart and Winston.

16-Frenc,h Wendell L., CECIL,. 1990, Organizations development: behavioral science interventions for organization improvement, editions, New Jersey, U.S.A.

-17Hansom, Mark. 1996, Educational administration and organizational behavior, Allyn and Bacon, London .

-18Owens, Robert. 1981, organizational behavior in Education, 2 edition, prentice Hall, Inc, New Jersey, U.S.A .

-19H. Randolph, Bobbitt, etl,.1978, organizational behavior. Understanding and prediction, prentice Hall, Inc, NJ. U.S.A.

المناخ التنظيمي
Organizational Climate

مقدمة:

لقد بدا الاهتمام بدراسة المناخ التنظيمي منذ مطلع الستينات من هذا القرن، وذلك إدراكاً من الباحثين لعلاقته برضا العاملين في المؤسسة، وبالتالي في خفض أو رفع مستوى إنتاجيتهم، وربما تكون دراسة " هالبن وكروفت" Halpin&croft,1957 هي أولى الدراسات الهامة في هذا السياق حيث أعدا أداة لقياس المناخ التنظيمي تم اعتمادها من قبل كثير من الباحثين الذين جاءوا بعدهم وهي استبانة وصف المناخ التنظيمي Organizational Climate Description Questionnaire كما قاما بتنفيذ دراسة تمخضت عن تصنيف المناخ التنظيمي إلى عدد من الأنماط، وفي المجال التربوي كان كورنيل Cornell هو أول من استخدم مصطلح المناخ المدرسي حيث وصفه بأنه نتاج إدراك الأفراد لأدوارهم كما يراها الآخرون في المؤسسة وإذا كان فهم المناخ التنظيمي والتعامل معه يعتبر أمراً هاماً لكل فرد في المؤسسة، فإن فهم هذا المناخ وتطويره بما يحقق الأهداف الموضوعة للمؤسسة يعتبر أمراً أساسياً للإداري التربوي حيث أنه المسؤول إلى درجة كبيرة عن خلق هذا المناخ ومتابعة تعظيم ايجابياته وتقليل سلبياته بما يقود إلى تحقيق الأهداف بصورة فعالة، وقد أشارت معظم الدراسات إلى أن نمط القيادة هو أحد العناصر الهامة للمناخ التنظيمي، كما أشارت بعض هذه الدراسات الشقصي، 1999، القطاونة ، 2000 إلى أن المناخ التنظيمي يؤثر على دافعية وأداء العاملين، كما توجد علاقة بينه وبين السلوك الإبداعي لدى الأفراد، كما أوضح الربيحات 2001 أن الدراسات الحديثة قد أشارت إلى وجود علاقة بين فاعلية المنظمة والمناخ السائد فيها سواء أكان سلبياً أم إيجابياً، وأنّ المنظمة التي يسودها مناخ سلبي أو رديء سيصيبها الفشل.

ومع ذلك فقد ارتأى بعض المختصين مثل أونز "Owens" أن الربط بين المناخ التنظيمي وفاعلية المنظمات ليس أمراً مقرراً حيث لم يتم إجراء دراسة تجريبية تضبط فيها جميع العوامل والمتغيرات.

ومن الجدير بالذكر أنّ هناك عدة عوامل أدت إلى الاهتمام بالمناخ التنظيمي لعل من أهمها:-

- التطورات الاقتصادية الكبيرة التي شهدها العالم.
- ازدهار الحركة العلمية والصناعية.

- نشوء وتطور المنظمات المعقدة.
- زيادة أهمية العنصر البشري في العملية الإنتاجية.
- بروز مشكلات جديدة في محيط العمل لا يمكن التعرف على أسبابها بدون إستكناه الجو السائد في المنظمة.

مفهوم المناخ التنظيمي:

عرّف الباحثون المناخ التنظيمي تعريفات مختلفة، فقد عرفه الطويل 1999 على أنه "مجموعة الخبرات والخصائص التي تسود بيئة العمل في مؤسسة ما بشكل يجعلها مختلفة عن غيرها من المؤسسات"، وعرفه الهيتي ويونس 1987 على أنه" مجموعة القواعد والأنظمة والأساليب والسياسات التي تحكم سلوك الأفراد في تنظيم معين ، وتميز التنظيم عن غيره إن كان ديمقراطياً أو بيروقراطياً تبعاً لخصائص التنظيم" ولعل التعريف الذي قدمه سترنجر وليتون stringer and litwin والذي ينص على أن المناخ التنظيمي هو "مجموعة الخصائص التي تميز بيئة العمل في المنظمة والمدركة بصورة مباشرة أو غير مباشرة من الأفراد الذين يعملون في هذه البيئة أو الشيء يكون لها انعكاسات أو تأثير على دوافعهم وسلوكهم " هو من أدق التعريفات وأكثرها دلالة، وقد قام القريوتي باستقراء التعريفات المختلفة للمناخ التنظيمي واستخلص منها الخصائص التالية:

1- يعبر المناخ التنظيمي عن مجموعة من الخصائص التي تميز البيئة الداخلية للمنظمة ، والتي عن طريقها يمكن تمييز منظمة عن أخرى.

2- يعكس المناخ التنظيمي التفاعل بين المميزات الشخصية والتنظيمية، ويعبر عن خصائص المنظمة كما يتم إدراكها من قبل العاملين.

3- تتصف خصائص المناخ التنظيمي بدرجة معينة من الثبات النسبي.

4- تؤثر خصائص المناخ التنظيمي على السلوك التنظيمي للعاملين في المنظمة.

ولعلّ من المناسب في هذا السياق التمييز بين مفهوم المناخ التنظيمي، وبعض المفاهيم الأخرى كمفهوم البيئة، ومفهوم المناخ الإداري، أما البيئة Environment فهي كل ما يدور داخل وخارج التنظيم، في حين أنّ المناخ التنظيمي يتعلق بكل ما يدور داخل التنظيم فقط، وبعبارة أخرى فإنّ المناخ التنظيمي يتعلق بالخصائص والفعاليات والأنشطة الداخلية في المنظمة.

أما بشأن التمييز بين المناخ الإداري Managerial Climate والمناخ التنظيمي Organizational Climate فيمكن القول بأنّ الأول يعتبر محدداً أساسياً للثاني حيث إنّ الأول حسب ما اعتبره الهيتي ويونس 1987 يتعلق بالقدرات الإدارية، وبما يتخذه القادة من إجراءات إدارية تؤثر على التنظيم.

عناصر المناخ التنظيمي وأبعاده:-

لقد اختلف الباحثون في تحديد عناصر المناخ التنظيمي فقد جعلها ستيرز "Steers" مثلا أربعة عناصر هي:

1- السياسات والممارسات الإدارية.

2- الهيكل التنظيمي.

3- تكنولوجيا العمل .

4- البيئة الخارجية.

في حين جعلها باحثون آخرون سبعة بزيادة عناصر أخرى مثل نمط القيادة، ونمط الاتصالات، واتخاذ القرارات.

أما أبعاد المناخ التنظيمي فقد خلط بعض الباحثين بينها بين عناصر المناخ التنظيمي في حين أن أغلبيتهم رأى التمييز بين الأبعاد والعناصر، وقد جعل "هالبن وكروفت" بعدين لقياس المناخ التنظيمي هما:

أ- خصائص المدير ويضم أربعة متغيرات هي:

1- التأكيد على الإنتاجية   Production emphasis

2- الحفز   Trust

3- الاعتبارية   Consideration

4- الانزواء   Aloofness

ب - خصائص سلوك العاملين ويضم أربعة متغيرات هي:

1- الإعاقة   Hindrance

2- الانفكاك   Disengagement

3- الروح المعنوية   Espirt

4- الود   Intimacy

أما ليكرت likert فقد جعل هذه الأبعاد تسعة هي:

- عملية القيادة

- طرق التحفيز

- نمط اتخاذ القرارات.

- وضع وتحديد الأهداف.

- نمط الاتصالات.

- عمليات التفاعل والتأثير.

- نمط اتخاذ القرارات.

- وضع وتحديد الأهداف.

- أسلوب الرقابة.

أما كامبل Campbell فقد جعلها عشرة وعلى النحو التالي:

1- بناء المهمة.

2- المكافآت والعقاب.

3- مركزية القرارات.

4- تأكيد الانجاز.

5- التدريب والتطوير.

6- الأمانة.

7- الصراحة والصدق.

8- المعنوية والمكافأة .

9- التمييز والتشجيع.

10- كفاءة ومرونة المنظمة بشكل عام.

أما فور هاند وجلمر Forehand&Gilmer فقد جعلا هذه الأبعاد أربعة فقط هي:

1- الهيكل التنظيمي.

2- درجة تفقد التنظيم.

3- اتجاهات الأهداف.

4- نمط القيادة.

ويلاحظ على هذه التصنيفات أنها متباينة نوعاً ما حيث ذكرت بعض الأبعاد في بعض التصنيفات في حين لم تذكر في أخرى، كما يلاحظ أن بعضها لا يفرق بين الأبعاد والعناصر، فقد أشار نورهاند وجلر مثلاً إلى الهيكل التنظيمي على أنه بعد في حين أنه سجل من العناصر عند أغلبية الدارسين، ولعل هذا يشير بوضوح إلى أنه ليس من السهل التفريق بدقة بين العناصر والأبعاد كما يشير إلى أنه ليس هناك إجماع بين الباحثين على ماهية العناصر، وماهية الأبعاد.

أنماط المناخ التنظيمي:

كما هو الحال بالنسبة للعناصر والأبعاد فقد أجريت تصنيفات كثيرة للأنماط استند بعضها إلى رؤية نظرية، واستند بعضها الآخر إلى نتائج دراسات قام بها باحثون مختصون، وقد ذكر أحمد 2002 على سبيل المثال ستة أنماط هي:

1-المناخ المفتوح Open Climate

2- المناخ المستقل Autonomous Climate

3- المناخ المنضبط Controlled Climate

4- المناخ المألوف Familiar Climate

5- المناخ الأبوي Paternal Climate

6- المناخ المنغلق Closed Climate

وقد أشار الغمري 1983 إلى أنّ هناك ثلاثة أنماط مناخية تعرفها المنظمة عادةً هي:-

1- مناخ جيد.

2- مناخ محايد.

3- مناخ غير جيد.

أنماط المناخ التنظيمي الثلاثة

أنماط المناخ التنظيمي الثلاثة

وقد اختصر الصباغ أنماط المناخ التنظيمي في نمطين هما:

1- المناخ التنظيمي المساند: وهو يمتاز بوصف طبيعة الأمور والسعي لحل المشكلات، والمساواة بين الجميع، والتعاون.

2- المناخ التنظيمي المهدد: وهو يمتاز بالتركيز على الرقابة والسيطرة وعدم المساواة، والواقع أن معظم الباحثين قد استخدموا مقياس "هالبن وكروفت" O C D Q الذي سبقت الإشارة إليه ليخرجوا بنفس الأنماط تقريباً، ولكن مع ملاحظة شيوع نمط معين، وعدم شيوع آخر.

سبل تطوير المناخ التنظيمي:

إنّ مما لا شك فيه أن مناخ المنظمة إمّا أن يكون إيجابياً حافزاً ومرضياً ومنتجاً، وإمّا أن يكون سلبياً ومحبطاً وغير منتج، أما السمات المميزة للمناخ التنظيمي الإيجابي فقد حددها عطا الله 1996 على النحو التالي:

1- إتباع طرق القيادة المناسبة لطبيعة العمل ونوعه.

2- التكامل بين الأهداف التنظيمية والأهداف الشخصية.

3- معرفة الفروق الفردية وحاجات المعلمين وتوقعاتهم.

4- وجود قواعد عادلة وأنظمة للمكافآت والعقوبات الرادعة.

5- إتباع أساليب تخدم التطور المهني.

6- العدالة في المعاملة.

7- المشاركة في اتخاذ القرارات.

وفي ذات السياق أشار سليمان 1987 إلى عدة عوامل تساعد على خلق مناخ إيجابي وصحي وهي:-

1- الثقة المتبادلة بين الجميع.

2- المشاركة في اتخاذ القرارات.

3- صدق الإدارة وصراحتها مع العاملين.

4- المساندة والتشجيع.

5- الإصغاء للاتصالات الصاعدة.

6- الاهتمام بتحقيق الأداء العالي.

ومن وجهة نظر حمود 2002 فإنه يمكن تطوير مناخ تنظيمي فعال من خلال:

1- بلورة هيكل تنظيمي مناسب.

2- وضع سياسات رشيدة.

3- تدريب العاملين بشكل مستمر.

4- تطوير أنماط فعالة للاتصال.

5- تحقيق العدالة عند التعامل مع العاملين.

6- تبني أسلوب قيادي ملائم.

7- اعتماد أساليب رقابية فاعلة.

8- تنمية الإحساس بالمسؤولية الاجتماعية.

وغير بعيد عما سبق ما أشار إليه الذنيبات 1999 من عوامل تساهم في خلق مناخ تنظيمي ايجابي هي:-

1- احترام الكرامة الإنسانية للعاملين.

2- الاهتمام بالأهداف الخاصة للعاملين ومساعدتهم على حل مشكلاتهم.

3- السعي نحو فهم " ديناميات الجماعة" أو القوى المحركة داخل جماعة العمل.

4- تفعيل عملية الاتصال في كافة الاتجاهات.

5- مشاركة العاملين في صناعة القرارات.

وقد ارتأى الطويل 1999 أنّ الإداري التربوي يجب أن يحاول تحقيق ما يسمى بالصحة المنظمية Organizational health ، وذلك من خلال تبني "المناخ المفتوح " وذلك باتباع إجراءات أهمها: خلق جو من العلاقات الإنسانية، وحفز العاملين ، وإشراكهم في صناعة القرار، وتحديد مسؤولياتهم، وتنميتهم مهنياً.

ومن خلال استقراء الأدبيات التربوية في هذا المجال يبدو واضحاً أن خلق مناخ تنظيمي إيجابي أو الارتقاء بمناخ تنظيمي معين يتطلب ما يلي:-

1- تبني نمط قيادي مناسب.

2- وضع هيكل تنظيمي يخدم تحقيق الأهداف بوضوح.

3- تنمية العاملين باستمرار.

4- وضع سياسات رشيدة ملائمة لطبيعة المهام.

5- الالتزام بالمعايير الأخلاقية الرفيعة في ميدان العمل.

ولعل من نافلة القول الإشارة إلى أنّ تطوير المناخ التنظيمي الإيجابي يؤدي حكماً إلى اختفاء الظواهر السلبية المرافقة عادة للمناخ التنظيمي السلبي مثل الدوران الوظيفي، واللامبالاة، وزيادة الكلفة، وتدني مستوى العمل، بل والإنتاجية بشكل عام.

المناخ التنظيمي في السياق التربوي:-

إذا كان المناخ التنظيمي الإيجابي ضرورياً في أية مؤسسة فإنه غاية في الأهمية في الميدان التربوي، وذلك لأن عملية تعليم الفرد وتثقيفه وتنشئته يفترض أن تتم في جو مؤسسي صحي قائم على التواصل والتفاعل العميقين.

وإذا كانت هناك مسؤولية يمكن أن يقوم بها فرد في المؤسسة التربوية لتطوير مثل هذا المناخ التنظيمي الصحي فإنها مسؤولية الإداري الذي يجب أن يتبع الأسلوب الديمقراطي القائم على المشاركة، كما يجب أن يطور أنظمة مناسبة للحفز والاتصال تمكن من التفاعل الخصب والبنّاء.

إن اطلاع الإداري التربوي على أنماط المناخ التنظيمي وأنواعه يخلق لديه الوعي بالتباين بين المناخات التنظيمية، وبالتالي يمكنه من اختيار أكثر هذه المناخات ملاءمة لطبيعة المهمة التربوية التي يقودها في المؤسسة التربوية، واتخاذ كل ما يلزم من خطوات لتطوير المناخ المطلوب من تدعيم الثقة بين الجميع، والمشاركة في اتخاذ القرارات، والتركيز على الأداء الرفيع.

المراجع بالعربية

1- الحديدي، ضحى. 2003 ، المناخ التنظيمي السائد في المدارس المهنية في الأردن وعلاقته بتخصص مدير المدرسة والولاء التنظيمي للمعلمين وبناء تصور جديد للمناخ التنظيمي في هذه المدارس ، رسالة دكتوراة غير منشورة، جامعة عمان العربية للدراسات العليا، عمان.

2- القريوتي، محمد. 1994 . المناخ التنظيمي في الجامعة الأردنية من وجهة نظر اعضاء هيئة التدريس، مؤتة للبحوث والدراسات، المجلد التاسع، العدد الخامس.

3- الذنيبات ، محمد 1999 المناخ التنظيمي وأثره على أداء العاملين في أجهزة الرقابة المالية والإدارية في الأردن، دراسات، ص1،مجلد 26 الجامعة الأردنية، عمان.

4- الطويل، هاني 1999 ، الإدارة التعليمية ، مفاهيم وآفاق، دار وائل للنشر، عمان.

5- القريوتي، محمد 2000 السلوك التنظيمي، دار الشروق ، عمان.

6- محمود، حسين. 1987 تحليل أنماط المناخ التنظيمي في الدراسات الثانوية الحكومية في الأردن، رسالة ماجستير غير منشورة، الجامعة الأردنية، عمان.

7- شهاب، حليمه. 1992 ، أثر المناخ التنظيمي على الرضا الوظيفي لدى معلمي ومعلمات المدارس الثانوية في وادي الأردن، رسالة ماجستير غير منشورة، الجامعة الأردنية، عمان.

8- حمود ، خضير. 2002 السلوك التنظيمي، ط1، دار صفاء للنشر والتوزيع، عمان.

9- المغربي، كامل. 1995 ، السلوك التنظيمي: مفاهيم وأسس سلوك الفرد والجماعة في التنظيم، ط2، دار الفكر للطباعة والنشر والتوزيع.

10- حوامدة، باسم. 2003 ، المناخ التنظيمي في مديريات التربية والتعليم، وعلاقته بالإبداع الإداري لدى القادة التربويين في الأردن، رسالة دكتوراة غير منشورة، جامعة اليرموك،إربد.

11- سليمان، مؤيد. 1987 ، المناخ التنظيمي: مفهوم حديث في الفكر الإداري المعاصر، المجلة العربية للإدارة، ع1، السنة 11.

12- الصباغ، زهير، وقواقزة، ، جديع، والضامن، وحيد. 1982 ، المناخ التنظيمي في دوائر مدينة إربد وأثره على اتجاهات العاملين، معهد الإدارة العامة، عمان.

13- العميان، محمود. 2002 ، السلوك التنظيمي في منظمات الأعمال، ط1، دار وائل للنشر، عمان.

14- القطاونة، منار. 2000 ، المناخ التنظيمي وأثره على السلوك الإبداعي: دراسة ميدانية للمشرفين الإداريين في الوزارات الأردنية، رسالة ماجستير غير منشورة، الجامعة الأردنية.

15- الشيخ علي، عائشة. 2003 ، المناخ التنظيمي السائد في مدارس وكالة الغوث الدولية في الأردن من وجهة نظر المعلمين والمعلمات، رسالة ماجستير غير منشورة، جامعة عمان العربية للدراسات العليا، عمان.

16- الربيحات، ابراهيم. 1994 ، المناخ التنظيمي السائد في المدارس الثانوية في مديريات تربية عمان العاصمة وأثره في اتجاهات الطلبة نحو المدرسة، رسالة ماجستير غير منشورة، الجامعة الأردنية.

17- الشقصي، عبد الله. 1999 ، نمط المناخ التنظيمي السائد في كليات التربية للمعلمين والمعلمات في سلطنة عمان وعلاقته ببعض المتغيرات المتصلة بعمدائها من وجهة نظر أعضاء هيئة التدريس، رسالة ماجستير غير منشورة، جامعة السلطان قابوس، مسقط، عُمان.

18- الهيتي، خالد، ويونس، طارق 1987 ، العلاقة بين المناخ التنظيمي والمخرجات التنظيمية: دراسة مقارنة بين المنشأة العامة للمطاحن العراقية وشركة مطاحن أمريكية، المجلة العربية للإدارة، العدد 4، المجلد 11.

19- الغمري، إبراهيم. 1983 ، المناخ التنظيمي: الإطار اللازم لتحقيق الفعالية الإدارية، إدارة البحوث والدراسات بمركز ابروماك، القاهرة.

20- العواملة، نائل. 1994 ، أبعاد المناخ المؤسسي في الوزارات والدوائر المركزية في الأردن، مجلة مؤتة للأبحاث والدراسات، المجلد 21، العدد 3.

المراجع بالانجليزية:

1- Hoy, wayme & Hannum, John. 1997, Middle school climate . An empirical assessment of organizational Health and student achievement, Educational administration quarterly, VO. 33, No, 3

2- Owen, Robert. 1981 organizational behavior in Education, I Edition, Prentice Hall.

3- Hoy, wayne & others.1996, the o rganizational climate of middle schools, Journal of Educational administration.

4- Ashkanasy, Neal, Wilderom, Peterson&celeste, Mark. 2000, Handbook of organizational culture&climate, Sage publications, Inc, London.

5- Davis, Keith. 1981, Hauman behavior at work: organizational behavior, McGraw- Hill publishing company Ltd, New Delhi.

6- Halpin, Andrew and croft. 1966, Theory and research in administration, McMillan company, New York.

7- Stringham, oliver. 2000, A studs y of leadership styles of principals and the organizational climates in successful public secondary schods in New Jersey, DAI, vol 61, No.2.

الأخلاقيــات المهنيــة

Professional Ethics

مقدمة:

إن مما لا شك فيه أن الأخلاق تلعب دوراً أساسياً في حياة المجتمعات، حيث إنها تحافظ على تماسكها، وتزودها بالمبادئ والمثل العليا التي تكافح من أجلها، ولعل من الواضح أن هذه الأخلاق هي التي تساعد أفراد المجتمع على أن يكونوا متوافقين مع مجتمعهم، وتدفعهم إلى محاولة الارتقاء بسلوكهم إلى مستوى المثال الذي يحدده المجتمع، وعلى هذا الأساس فإنّ الأخلاق هي مصدر هام من مصادر الضبط الإجتماعي، والواقع أن أي استقراء وثيق للتاريخ يدل بشكل واضح على أن تقدم الأمم، وإزدهارها كان مرتبطاً بمدى التزامها بالمبادئ الأخلاقية والحفاظ عليها.

وإذا كانت الأخلاق على هذا المستوى من الأهمية فإنّ الأخلاق المرتبطة بالمهن المختلفة في المجتمع لا تقل أهمية، ذلك أن الالتزام بالأخلاقيات المهنية من قبل أفراد المجتمع يدل ببساطة على أنّ كل فرد يقوم بواجبه كما يجب وطبقاً للمعايير الموضوعة، ولهذا السبب نلاحظ تزايد الاهتمام بهذا الموضوع بحيث أصبح أتباع كل مهنة يحاولون وضع ما يسمى بالدستور الأخلاقي المهني Code of ethics لمهنتهم، ولضمان الوعي بمفردات مثل هذا الدستور وطرائق الأحتكام لمقتضياته بدأ المهنيون في كل مجال يصممون البرامج التدريبية المختلفة التي تعرّف منتسبي المهنة بمتضمنات هذا الدستور الأخلاقي من حيث أهميته، وأهدافه، وأساليب الالتزام به وصولاً إلى أداء مهني رفيع يقود حكماً إلى تطور مجتمعي مؤكد.

وإذا اتفقنا على اهمية الالتزام الأخلاقي لكل فرد في المجتمع فلا بد من أن نتفق على ضرورتها الحيوية للإداري التربوي حيث يتصدى هذا الإداري لمسؤولية معينة يُطلب منه الاضطلاع بها، ولا شك أنه كلما علت المرتبة الوظيفية التي يشغلها الإداري التربوي كلما كانت أهمية الإلتزام الأخلاقي له أكبر، ولا بد من الإضافة هنا بأن هذا الالتزام الأخلاقي العام يتولد منه إلتزام أخلاقي محدد هو "الالتزام الأخلاقي المهني" حيث يُطلب من الإداري التربوي سلوكاً مهنياً وظيفياً معيناً قوامه الاستقامة والأمانة والشفافية والتي يُفترض أن يقود إلى عمل مؤسسي منظم حافز ومنتج.

مفهوم الأخلاق:

الأخلاق هي نظام من القيم والقوانين التي تحدد ما هو صحيح وما هو خيّر، وهي معنية أساساً بما هو صحيح Rhightness ، وما هو خير Goodness ، وما يجب أن يكـون عليـه السلـوك Oughtness of conduct ولا بد من الإشارة إلى أن الأخلاق أو الأخلاقيات كانت تتمثل في العادات البدوية، ثم استبدلت بالطاعة للقوانين والأنظمة، ثم تم استبدالها أخيراً بالمعايير الأخلاقية حيث تتقرر المسؤولية الأخلاقية في الفرد نفسه وقد أشار روس Ross,1930 بأن المفاهيم الأساسية للأخلاق هي: الصحة Right ، والخير Good ، والصحة الأخلاقية orally good M وتعني كلمة أخلاق في اللغة جمع خلُق بضم اللام وتسكينها، والخلق لغةً هو العادة والسجية والطبع والدين، وتستعمل الأخلاق للدلالة على علم معين موضوعه أعمال الإنسان وأفعاله، و قد استعملت كلمتا الأخلاق والآداب للدلالة على الأخلاق، وقد عرّف الإمام الغزالي الخلق على أنه " عبارة عن هيئة راسخة في النفس يصدر عنها الأفعال بسهولة ويسر من غير حاجة إلى فكر وروية، فإن كانت الهيئة التي تصدر عنها الأفعال جميلة سميت خلقاً حسناً، وإن كان الصادر عنها أفعالاً قبيحة سُميت خلقاً سيئاً.

أما أرسطو فقد اعتبر الأخلاق هي الفضيلة ولها جانبان هما: الجانب العقلي والجانب الخلقي، وقد راى أن الجانب العقلي يمكن اكتسابه بواسطة التعلم، أما الجانب الخلقي فيمكن اكتسابه عن طريق التعود، والفضيلة من وجهة نظره هي مجموعة من الصفات الهامة كالصدق، والأمانة، والعفة، والعدالة، والأخلاص.

وفي قاموس أكسفورد تعني كلمة خلق Ethics " المبادئ الأدبية وقواعد السلوك، وقد أوردت بدران ، 1986 تعريفاً دقيقاً للأخلاق ينص على أنها مجموعة من القواعد والمبادئ المجردة التي يخضع لها الإنسان في تصرفاته، ويحتكم إليها في تقييم سلوكه، وهذه القواعد والمبادئ مستمدة من تصور فلسفي شامل يرتكز إما على العقل أو على الدين أو عليهما معاً"، وقد استنتج السعود وبطاح، 1996 من هذا التعريف وغيره للأخلاق ما يلي:

1- أن الأخلاق مجموعة من القواعد والمبادئ المجردة.

2 - أن هذه القواعد والمبادئ إما أن ترتكز إلى قاعدة عقلية أو قاعدة دينية.

علم الأخلاق: المفهوم والنظريات:

علم الأخلاق هو علم يبحث في الأحكام القيمية التي تنصب على الأفعال الإنسانية من زاوية أنها خيّرة أو شريرة، ويعتبر علم الأخلاق أحد العلوم المعيارية وهما نوعان: عملي ويُسمى بعلم السلوك، ونظري ويبحث في ماهية الخير والشر.

ولقد بدأ علم الأخلاق بشيخ الفلاسفة سقراط الذي يُعتبر مؤسس علم الأخلاق، وأول من تحدث عن الأخلاق العقلية الحرة، وجعل الحياة الأخلاقية للإنسان محكومة من داخله بعد أن كانت محكومة من خارجه، أي من الدين، والعرف والتقاليد، وقد تبعه تلميذه أفلاطون الذي أضاف إلى بناء هذا العلم من خلال تأملاته الفلسفية، أما المعلم الأول أرسطو فقد اعتبر من استكمل البناء، وقد ارتأى أن غاية الإنسان هي السعادة، وبالتالي فهي المعيار الذي تقاس في ضوئه الأخلاق، كما اعتبر أرسطو الأخلاق على أنها السياسة التي ينتهجها الفرد في علاقاته مع الناس، وأما السياسة فهي الأخلاق التي ينتهجها المجتمع في علاقاته مع المجتمعات الأخرى. وقد كان للفلاسفة المحدثون نظرتهم إلى الأخلاق، فقد راى " كانت" أن فكرة الأخلاق تقوم على أساس فكرة الواجب، ورأى "هربارت" أن الأخلاق هي غاية التربية، وراى " دوركهايم" أن القيم الأخلاقية نابعة من المجتمع، بينما راى " ديوي" أن الخبرة هي مصدر الأخلاق، ومن الجدير بالذكر أن الأديان المختلفة اهتمت بالأخلاق اهتماماً كبيراً، وكان السلوك الأخلاقي الرفيع للفرد هوغايتها جميعاً، وإن كان لكل منها اجتهاداته التفصيلية في هذا المجال.

إنّ مراجعة أدبيات الأخلاق تشير إلى أنه كان هناك إتجاهان لدراسة الأخلاق هما:

1- الاتجاه السلوكي Behavioral approach

وهذا الاتجاه منبثق من النظرة السلوكية التي تنظر إلى ارتباط الاستجابة بالمثير، ويترتب على هذا أن الأخلاق متعلمة ويمكن تدريب الأفراد عليها بقصد إكسابهم الصفات الأخلاقية.

2- الاتجاه المعرفي Cognitive approach

وهذا الاتجاه منبثق من النظرية المعرفية لصاحبها " بياجيه" ، ويترتب على هذا أن الأخلاق مرتبطة بنمو التفكير بمعنى أن الأفراد لا يتخلقون بأخلاق معينة كاستجابة لمثيرات معينة كما رأى السلوكيون، وإنما لتحقيق نوع من التوازن في العلاقات الاجتماعية مع الآخرين.

وقد رأى فولمير Fulmer,1987 أن هناك أربع نظريات للأخلاق أجملها على النحو التالي:

1- النظرية التجريبية Empirical theory

وتفيد هذه النظرية بأن الأخلاق تشتق من التجربة الانسانية، وذلك بمعنى أن التجربة هي ما يقرر ما هو أخلاقي وما هو غير أخلاقي.

2- النظرية العقلانية Rational theory

وتفيد هذه النظرية بأن العقل الانساني هوالذي يقرر ما هو جيد وما هو سيء بمعزل عن التجربة.

3- نظرية الوحي Revelation theory

وتفيد هذه النظرية بأن الدين هو الذي يحدد ما هو خير وما هو شرير، وبالتالي فهو الذي يرشد السلوك الانساني، ويبين ما هوصحيح وما هو خاطئ.

4- نظرية الحدس Intuitive theory

وتفيد هذه النظرية بأن الأخلاق لا تشتق بالضرورة من التجربة، أو من المنطق العقلي، وإنما من " الحدس" وهو الحس التلقائي العفوي الذي يستطيع به الفرد التمييز بين ما هو خير وما هو شر.

وقد صنف آخرون نظريات الأخلاق على النحو التالي:

1- نظرية اللذة، حيث رأى أتباع هذه النظرية أن " اللذة" هي غاية الحياة وعلى حد تعبيرهم فإنّ " الخير المطلق هو المتعة، والشر المطلق هوالألم"

2- نظرية السعادة، وقد راى أتباع هذه النظرية أن الخير هوالسعادة وهي غاية كل فعل أخلاقي.

3- نظرية المنفعة، وقد راى أتباع هذه النظرية أن المنفعة هي الخير الأقصى بحيث أن أفعال الإنسان لا تكون خيراً إلا إذا تمخضت عن منفعة.

4- نظرية الواجب، وقد رأى أتباع هذه النظرية أن الخير هوما يتم فعله طبقاً لمبدأ الواجب وليس انتظاراً للذة أوسعادة أومنفعة.

والمدقق في التصنيفين السابقين يلاحظ أن التصنيف الأول يحاول الإجابة عن السؤال القائل: ما مصدر الأخلاق: التجربة الإنسانية ، أم العقل الإنساني ن أم الحدس أم الدين؟ أما التصنيف الثاني فيحاول الإجابة على السؤال التالي: ما هدف الإنسان من الالتزام بالسلوك الأخلاقي: الوصول إلى اللذة، أم تحقيق السعادة، أم تحصيل المنفعة، أم الإنصياع إلى الواجب؟

ومن الجدير بالذكر أن الفلسفات المختلفة التي ظهرت عبر التاريخ كانت لها نظرتها إلى الأخلاق فالمثالية أفلاطون وأتباعه ، تكلمت عن "عالم المثل" الذي يقابل " عالم الواقع" وقد ارتأى أن

السلوك الإنساني يُعتبر أخلاقياً ما دام يتوافق مع " عالم المثل" والواقعية " جون لوك وأتباعه" ارتأت أن الأخلاق مستمدة من الواقع ومعايير الحياة الاجتماعية، والبرجماتية جون ديوي وأتباعه ارتأت أن الأخلاق متأتية من التفاعل الاجتماعي وأنها قيمة بقدر ما تحقق من منفعة، أما الوجودية سارتر وأتباعه فقد ارتأت أن الأخلاق عظيمة بقدر ما تحقق ذاتية الفرد وتوافقه الداخلي مع نفسه.

الأخلاقيات المهنية: مفهومها، ووظائفها ومصادرها:

إنّ المجتمعات كانت تتطلع دوماً إلى أن يقدم المهنيون خدمة بعيدة عن أية منافع شخصية، ولهذا السبب نجد أن هذا الموضوع استحوذ على الاهتمام منذ 2000 سنة، وكان يزيد الاهتمام به من فترة لأخرى، ولا بد من ملاحظة أن المهمة قد تزايدت في القرن العشرين، وتحولت كثير من الوظائف أو الأعمال Occupations إلى مهن Professions .

ولقد اهتم المفكرون الإداريون بالبعد الأخلاقي، إذ أشار بارنارد ، Barnard مثلاً إلى أن هدف المنظمات الإدارية يجب أن يكون أخلاقياً، وقد ارتأى دزلر   Dessler   أن الإداريين يمارسون أعمالهم الإدارية وفقاً لقيمهم الأخلاقية وقناعاتهم، وإن كانت هذه القيم والمعايير الأخلاقية تتأثر بشكل واضح بالمعايير الأخلاقية للإدارات العليا، وفي هذا السياق رأى المختصون أن الحالات الإدارية يمكن أن تصنف في فئتين:

أ -الفئة الأولى: التي تشمل الحالات المثالية التي تحكمها القوانين والأنظمة والتعليمات، ومن الطبيعي أن الإداري هنا يتعامل مع هذه الحالات طبقاً للقانون، وهو يفترض أن أخلاقية القرار المتخذ في هذه الحالة تنبع من أخلاقية القانون ذاته.

ب- الفئة الثانية: وتشمل الحالات الإدارية غير المثالية وهي الحالات التي لا تغطيها القوانين والأنظمة، والتعليمات، وتحتاج من الإداري الذي يستند في قراره إلى أساس أخلاقي ما.

ومن الجدير بالذكر أن هناك تسميات عديدة لما يسمى بالأخلاقيات المهنية، إذ يطلق عليها البعض" أخلاقيات العمل" كما يطلق عليها البعض "أخلاقيات الوظيفة"، وفي مجال الإدارة بالذات يطلق عليها البعض " الأخلاقيات الإدارية"، وقد وردت في الأدبيات تعريفات كثيرة للمهنة Profession ،وللأخلاقيات المهنية Professional ethics ، فقد عُرفت المهنة على أنها " عبارة عن جماعات من الناس تحاول تنظيم سلوكها وفق أهداف مشتركة في إطار تنظيمي معين"ولعلنا في هذا السياق يجب أن نوضح بأن المهنة يجب أن تستوفي شروطاً معينة أهمها:

1- المهنة تقوم على مجموعة متكاملة من المعارف والأفكار التي تتطلب تدريباً عقلياً، وتقتصر معرفتها على فئة معينة من الناس.

2- تقتضي المهنة التركيز على الأنشطة العقلية أكثر من الأنشطة الجسمية أو اليدوية.

3- تتطلب المهنة مدة طويلة من التدريب المتخصص.

4- تتميز المهنة بمستوى من التصرف والحرية في إعطاء الحكم.

5- المهنة تتطلب إتجاهاً اختبارياً تجريبياً نحوالمعلومات ، وعلى هذا تتطلب البحث عن أفكار جديدة.

6- تؤكد المهنة على خدمة الآخرين أكثر من تركيزها على جمع المال، ولهذا يكون لها عادة دستور أخلاقي مهني Code of ethics يتطلب أو ينص على ألا يكون العائد المادي وحده هوالدافع الوحيد.

7- لكل مهنة نقابة أورابطة مهنية، والدخول إلى المهنة يحدده عادة مستويات تضعها هذه الروابط المهنية، ويتطلب في قبول العضو موافقة مجموعة من الأفراد لها نفس الاتجاهات والتدريب.

أما الأخلاقيات المهنية فقد عُرِّفت على أنها" المبادئ والمعايير التي تُعتبر اساساً لسلوك أفراد المهنة المستحب، والتي يتعهد أفراد المهنة بالتزامها".

ومن وجهة نظر المؤلف فإن الأخلاقيات المهنية هي " جملة الأسس، والمبادئ، والمثل التي يلتزم بها أفراد المهنة عند ممارستهم لمهنتهم، وذلك حفاظاً على مستوى المهنة، وعلى حقوق المنتسبين لها".

ويتضح من استعراض التعريفات المختلفة للأخلاقيات المهنية أنها تهدف إلى ما يلي:-

1- تحديد الصواب من الخطأ.

2- تحديد ما يجب أن يكون عليه سلوك الموظف.

3- ضمان تصرف الموظف بشكل موضوعي في الأمور العامة وعدم التحيز.

4- مساعدة الجمهور في توضيح ما له وما عليه.

5- إبعاد الموظف عن أي مجال للإنحراف.

6- عدم التسبب في هدرالمال والوقت والجهد.

7- تعتبر نوعاً من الحوافز التي يفترض أن تقود إلى مزيد من النجاح.

وقد يكون السؤال الذي يطرح نفسه هنا هو: ما مصادر الأخلاقيات المهنية؟ أوبعبارة أخرى من أين يستمد الفرد   الموظف أو المنتسب للمهنة أخلاقياته المهنية؟ ولعل الإجابة على هذا السؤال

تقودنا إلى العودة إلى مصادر الأخلاق بشكل عام: هل هي الخبرة، أم العقل، أم الحدس، أم الدين؟ إذ إن مما لا شك فيه أن مصادر الأخلاقيات المهنية قد تكون خارجية أي متعلقة بالمجتمع وأخلاقه وقيمه وتوجهاته، وقد تكون داخلية أي متعلقة بأهداف المنظمة، وبالسلوك الإداري التنظيمي ، وهذا قد يظهر من العلاقات الإنسانية داخل المنظمة، والتنظيم غير الرسمي، والصراع التنظيمي، أوبنظم الحقوق والواجبات والصلاحيات والحوافز.

وقد ارتأى بعض الباحثين أن هناك خمسة مصادر للأخلاقيات المهنية هي:-

1- المصدر الفلسفي أو الفكري، والمقصود هنا الفلسفة أو الأيديولوجية الشائعة في المجتمع.

2- المصدر الاجتماعي، والمقصود هنا منظومة القيم السائدة في المجتمع.

3- المصدر السياسي، والمقصود هنا طبيعة النظام السياسي، وتوجهاته المختلفة بشأن كافة شؤون الحياة والمجتمع.

4- المصدر الاقتصادي ، والمقصود هنا النظام الاقتصادي السائد في المجتمع.

5- المصدر المنظمي، والمقصود هنا البيئة التنظيمية التي يعمل في ظلها الفرد.

إنَّ ما لا بد من إضافته هنا هومستوى تفاعل الفرد مع هذه المصادر الخارجية والداخلية، إذ إن من المعروف أن هنالك فروقاً فردية بين البشر، وبالتالي فإنَّ المنتسبين للمهنة الواحدة يتأثرون بمصادر الأخلاقيات المهنية بشكل متفاوت، فبعضهم قد يلتزم مهنياً إنطلاقاً من العامل الديني أساساً وبعضهم قد يلتزم مهنياً انطلاقاً من التقيد بالقوانين والأنظمة والتشريعات ، والبعض الثالث قد يلتزم مهنياً انطلاقاً من خبرته الشخصية وتجربته.

تنمية الأخلاقيات المهنية:

إنَّ من الواضح أن الإنسان لا يولد ولديه أخلاقيات مهنية، بل يكتسب هذه الأخلاقيات ويطورها من المصادر المختلفة التي اشرنا إليها سابقاً وهي: الذاتية، والتنظيمية، والخارجية المجتمعية ، ولكي يتم ضمان تطوير مثل هذه الأخلاقيات والارتقاء بمستوى الالتزام بها، فإن أتباع كل مهنة لا بد من أن يطوروا مايُسمى بالدستور الأخلاقي للمهنة، الذي يمثل عقداً ضمنياً بين المهني والمجتمع، والذي هو تعبير مباشر عن التوجه المهني لجماعة مهنية ما، ولشعورها بالمسؤولية إزاء أعضائها، وهنا لا بد من الإشارة إلى أنه أصبح لكل مهنة دستور أخلاقي خلال الخمس وسبعين 75 سنة الأخيرة، وإن كان الاهتمام بالدساتير الأخلاقية المهنية قد تراجع خلال الحرب العالمية الثانية بسب أولوية القضايا العالمية إلا إنه عاد ليتقدم من جديد بعد ذلك، والواقع أنه لا بد للمنظمة التي يعمل فيها منتسبو المهنة من أن يضعوا جملة سياسات وأن يتخذوا عدة إجراءات تساهم في الوصول إلى الهدف المنشود، أما فيمايتعلق بالدستور الأخلاقي المهني فإن له أهدافاً نجملها على النحوالتالي:

1- توجيه سلوك الأعضاء الجدد الداخلين في المهنة.
2- تنظيم العلاقة بين أفراد المهنة أنفسهم، وبينهم وبين من يتعاملون معهم.
3- تحديد مسؤولية أفراد المهنة عما يقومون به، وعن نتائجه، بحيث يتم توفير الحماية لأعضاء المهنة، وكذلك لبقية أفراد المجتمع من ممارسات أعضاء المهنة.
4- تحديد معايير الكفاءة والفعالية في التنفيذ، وتقديم الخدمة من قبل أفراد المهنة إلى الجمهور.
5- تحديد إطار مهني عام لمتطلبات الدخول في المهنة، وإطار حضاري لأنماط السلوك المتوقعة من أفراد المهنة.
6- تنمية روح الالتزام والولاء المهني لدى أفراد المهنة.

وفي هذا الإطار أشار بعض الباحثين إلى أن الهدف من الدستور الأخلاقي المهني هو أن يستخدم كمرشد guide للعاملين، وللمديرين عند التطبيق في التفاعلات اليومية، وعند اتخاذ القرارات، وذلك بالانسجام ، مع رسالة المنظمة ، والمبادئ الإرشادية، والقيمة الجوهرية، ومع هذا فلا بد من التنبيه إلى أنّ هذا الدستور المهني لا يمكن أن يشمل جميع الأجوبة، ولا يمكن أن يتعرض لكل قضية أخلاقية مهنية قد تواجه العاملين. إنّ مثل هذا الدستور ليس بديلاً لمبادئ الاستخدام والقوانين والأنظمة، ولكنه يمكن أن يكون جسراً بين الطموحات والواقع العملي، وبالتأكيد فإنه أداة مشجعة لمناقشة الأخلاقيات بحرية، وللإجابة عن التساؤلات الأخلاقية المتعلقة بالعمل.

ولعل السؤال الذي يطرح نفسه الآن هو: هل وضع دستور أخلاقي مهني رفيع المستوى يعني ضمان الالتزام به من قبل منتسبي المهنة؟ الإجابة بالقطع لا وبالتالي فإن المنظمة مسؤولة عن تصميم برامج تدريب أخلاقية تزود المنتسبين والمقصود في هذا السياق هم الإداريون بالمعرفة النظرية الضرورية التي تمكنهم من فهم الجانب الأخلاقي للقرار الإداري، وتزودهم كذلك بالمعرفة العملية التطبيقية التي تمكن الإداريين من ملاحظة الآثار المترتبة على عدم مراعاة الجانب الأخلاقي لعملية صنع القرار، وتدربهم بالتالي على اتخاذ القرار العقلاني الرشيد والأخلاقي، ومن المؤسف ان معظم البرامج التدريبية المطبقة حالياً في هذا الموضوع تركز على موضوع الالتزام باللوائح والنظم وليس على التفكير الأخلاقي.

ومما تجدر الإشارة إليه في هذا السياق أن الدراسات العملية لهذا الجانب ذات طابع وصفي غالباً، أما الدراسات الميدانية ذات الطابع التحليلي فهي قليلة بالفعل وقد أشار ليندسي وبرنتس Lindsey&Prentice 1985 إلى عدة توصيات يجب أن تؤخذ بالاعتبار عند تطوير أية جماعة مهنية لدستورها الأخلاقي المهني وأهمها:

1- تطوير برامج ونشاطات لجعل الأعضاء في المهنة والمجتمع بشكل عام حساسين للقيم التي تؤثر في تطوير واستعمال المعرفة المهنية.

2- تجديد المبادئ الأخلاقية الأساسية التي تمثل التطلعات المشتركة لإتباع المهنة.

3- تنظيم مناقشات وحوارات توضح ما هو الفعل الأخلاقي الخاص بالمهنة، ولماذا هو مهم للمهنة.

4- إعداد معايير مهنية للسلوك يمكن فهمها بسهولة من قبل الأعضاء، ومن قبل المتأثرين بالسلوك المهني.

5- الاتفاق على أن مبادئ السلوك المهني هي مرشدات، وليس قوانين لا يمكن أن تفرض أو تخرق، وعندما يحدث تعارف بين المبادئ يجب أن تطور المجتمعات معايير سلوكية عامة يمكن الحكم على أساسها بأن السلوك غير مهني أو مسئ.

6- يجب أن تكون معايير السلوك المهني مصحوبة بمجموعة من الإجراءات التي يمكن التعامل من خلالها مع الشكاوي.

7- إنجاز مراجعات دورية للقيم المهمة لعمل الأعضاء.

8- مراجعة وتدقيق أية اتهامات خطيرة متعلقة بسلوك غير مهني ومن قبل جميع الأطراف المعنية.

9- طباعة وتوزيع منشورات تبين حالة الأخلاقيات المهنية للمهنة.

10- تمكين المجتمع وبالذات الجماعات المتأثرة بالمهنة من التعبير عن اهتماماتهم وأسباب قلقهم لأعضاء المهنة.

وتشير الأدبيات العالمية المتعلقة بهذا الموضوع إلى أن الاتجاه الحالي في القيم الأخلاقية المرتبطة بالإدارة يرتكز على محاور عديدة منها: أهمية المواطنة، وإشاعة الديمقراطية، والحرية، وقد حددت الجمعية الأمريكية للمديرين AASA عشرة أبعاد أخلاقية لها دلالتها في سلوك الإداري التربوي لخصها الطويل 2001 على النحوالتالي:

1- أن يجعل من رفاه التلاميذ ومصالحهم محوراً أساسياً لكل قراراته وأفعاله.

2- أن ينجز مسؤولياته المهنية بكل أمانة وصدق وإخلاص.

3- أن يدعِّم ويحمي الحقوق المدنية والانسانية لكل الأفراد.

4- أن يحترم ويطيع الدستور والقوانين والأنظمة المعمول بها في مجتمعه، ولا يشترك عن قصد أويدعم أية منظمة أونشاط يؤدي بطريقة مباشرة أو غير مباشرة إلى قلب نظام الحكم فيه.

5- أن يطبق السياسات التربوية المرسومة أو يراعي قوانين وأنظمة وتعليمات نظامها التربوي.

6- أن يسلك سبلاً ملائمة ومناسبة لتطوير وتصحيح القوانين والسياسات التربوية.

7- أن يتجنب إستغلال مركزه/ مراكزه لمكسب أو مصلحة شخصية سواء أكان ذلك في مجالات سياسية، أو اجتماعية، أو اقتصادية، أو أية مجالات أخرى.

8- أن يسعى للحصول على درجات أكاديمية أو تأهيل مهني، وأن يكون ذلك من مؤسسات معترف بها.

9- أن يحافظ على مستوى المهنة، ويسعى لتحسين فعاليتها من خلال البحث، واستمرارية النمو المهني.

10- أن يحترم جميع العقود والاتفاقيات السارية، ويلتزم بكل ما يتم التوصل إليه بشأنها.

أما فيما يتعلق بوضع السياسات واتخاذ الإجراءات الكفيلة بالتنمية الأخلاقية للإداري فيمكن تلخيصها كما يأتي:

1- وضع نظام مالي يكفل العيش الكريم للإداري.

2- بلورة نظام حوافز فعّال.

3- وضع نظام تأديبي مناسب.

ولعله غني عن القول بأنّ وضع السياسات لا يكفي، بل لا بدّ من متابعتها، والتأكد من تنفيذها بشكل سليم، كما لا بد من مراجعتها بين حين وآخر للتأكد من أنها تؤدي الغرض الذي وضعت من أجله.

الأخلاقيات المهنية في السياق التربوي:-

يتضح مما سبق أن البعد الأخلاقي بعد هام في العمل التربوي بشكل عام، ذلك أن التربية كما هو معروف هي عملية تنمية لجميع جوانب شخصية الإنسان بجميع جوانبها، وبالتأكيد فإن الجانب الأخلاقي هو أحد هذه الجوانب، بل أحد هذه الجوانب الهامة.

وإذا انتقلنا من البعد الأخلاقي العام إلى البعد الأخلاقي المهني، فإنه يُعتبر ضرورة ملحة في الميدان التربوي، وذلك بالنظر إلى الحاجة الماسة إليه، ولعل افتقار الميدان التربوي إلى دستور أخلاقي مهني للمعلم أو المدير هو مظهر من مظاهر هذه الحاجة الماسة وإذا كان هناك من أسباب تؤدي إلى

هذا الوضع فإنها بالتأكيد تتعلق بعدم الاعتراف بالتعليم كمهنة، أو ما يعرف اصطلاحًا مهنته التعليم، والواقع هو أنّ ما ينطبق على التعليم ينطبق على الإدارة، ومن هنا تأتي الحاجة إلى دستور أخلاقي مهني إداري"، أو مجموعة مبادئ وأسس تحكم السلوك المهني للإداريين التربويين.

إنّ من الواضح أنّ هناك حاجة ماسة ليس فقط إلى تطوير مثل هذا الدستور الأخلاقي، وإنما إلى تصميم برامج تدريبية للإداريين التربويين بحيث يتم من خلالها توعيتهم بمفاهيم السلوك المهني، وملامحه الضرورية، وإن كان يجب أن يسبق هذا بالطبع بذل جهود مفنية للارتقاء بمستوى مهنة الإدارة من خلال تأصيلها علمياً بالإثراء النظري والبحث المستمر الذي يقوم به الأكاديميون بالتعاون مع الممارسين.

المراجع

المراجع باللغة العربية:-

- دراوشة، سامح. 2004 . برنامج تدريبي مقترح لتنمية أخلاقيات المهنة لمديري المدارس الحكومية في الأردن في ضوء احتياجاتهم التدريبية، رسالة دكتوراة غير منشورة، جامعة عمان العربية للدراسات العليا، عمان.
- طرخان، عبد المنعم، 2003 . واقع أخلاقيات العمل الإداري لدى مديري ومديرات مدارس وكالة الغوث الدولية في الأردن وعلاقته بسلوكهم القيادي، رسالة دكتوراة غير منشورة، جامعة عمان العربية للدراسات العليا، عمان.
- السعود، راتب، وبطاح، أحمد. 1996 . مدى التزام مديري المدارس في محافظة الكرك بالأخلاقيات المهنية من جهة نظرهم، دراسات، الجامعة الأردنية، المجلد23، العدد 2 عمان.
- بدران أمية. 1981 . مدى انطباق مراحل الحكم الأخلاقي لكولبرج على طلبة المرحلتين الإعدادية والثانوية في الأردن، رسالة ماجستير غير منشورة، الجامعة الأردنية، عمان.
- رضوان ، أحمد. 1994 . أخلاقيات مهنة التربية ومدى التزام المشرفين التربويين بها من وجهة نظر مديري المدارس والمعلمين في محافظة الشمال، رسالة ماجستير غير منشورة، جامعة اليرموك، إربد، الأردن.
- الطويل، هاني. 2001 . الإدارة التربوية والسلوك المنظمي، ط2، دار وائل للطباعة والنشر، عمان.
- عبد الحميد، رشيد،والحياري، محمود. 1985 . أخلاقيات المهنة، ط2، دار الفكر للنشر والتوزيع، عمان.
- عمر، جمال. 1990 . أخلاقيات مهنة الإدارة ومدى التزام مديري المدارس الثانوية الأكاديمية،رسالة ماجستير غير منشورة، جامعة اليرموك ، إربد، الأردن.
- المؤمني،فؤاد. 1983 . ما مدى التزام المدير والمعلم بالقواعد الأخلاقية لمهنة التعليم؟ رسالة ماجستير غير منشورة، الجامعة الأردنية، عمان.
- الشيخلي، عبد القادر. 2003 أخلاقيات الوظيفة العامة، ط2، دار مجدلاوي، عمان.
- الطراونة،تحسين. 2000 . أخلاقيات القرارات الإدارية، مجلة مؤتة للبحوث والدراسات، المجلد5، العدد 2.
- العمر، فؤاد. 1994 .دراسة استطلاعية حول بيئة أخلاق العمل في الهيئات الحكومية المستقلة في دولة الكويت، المجلة العربية للعلوم الانسانية، النسخة 18، العدد 69، الكويت.
- الطويل، هاني. 2001 . الإدارة التعليمية: مفاهيم وآفاق، ط2، دار وائل للطباعة والنشر، عمان.
- الصباغ، زهير. 1988 . البعد الأخلاقي في الخدمة العامة، مجلة الإدارة العامة،العدد 48،النسخة 24، الرياض.
- كيرفان، كينيجز. 1984 . أخلاقيات الخدمة العامة في كندا، تحرير كيرنفهان وداويفيدي، أخلاقيات الخدمة العامة، ترجمة محمد القريوتي، المنظمة العربية للعلوم الإدارية،عمان.
- غوشة، زكي. 1983 . أخلاقيات الوظيفة في الإدارة العامة، مطبعة التونسية، عمان.
- أبو خرمة، عماد، 1997 . قيم وأخلاقيات الإدارة العامة الأردنية، رسالة ماجستير غير منشورة، جامعة اليرموك، إربد، الأردن.
- عبيدات، علاء. 2000 . الأخلاقيات الوظيفية للمشرفين في المستشفيات الأردنية العامة، رسالة ماجستير غير منشورة، الجامعة الأردنية، عمان.
- ياغي، محمد. 2001 .الأخلاقيات في الإدارة، ط1، مكتبة اليقظة للنشر والتوزيع، عمان، الأردن.

المراجع باللغة الإنجليزية:

-Fredrich somon. 1993. Ethics and public administration, Armonk, M. E. Sharpe, New York .

-Cooper, T. 1994, Handbook of administrative ethics, Mavcvel Fekker, New York.

-Gilman,s. and Lewis, C., 1996. Public service ethics:a globle dialogue public administrative review , vol. 5 , N.5 .

-Cooke, stere & nighal slack.1984. Making mana.London ,Hall -prentice ,gement decisions

Greenf -i ,Five standards of good practice for the ethical administrator .1990 .William ,eld .Bulletin -Nassp

Raymo ,Calabrese -n ."or effective schools A prerequisite f :Ethical leadership ,1988 .L ,d Nassp Bulletin.

- Mohr, S. panel.1989, Ethical behavior in elementary school principalship: a comparative analysis of principals teacher and superintendent. DA I,v ol. 36 No. 42.

- Sugars, Glenda. 1997. The administrative ethics of Mississippi public school superintendents and executive educator. D A I, vol. 58, No. 16 .

-Fulmer, E. B. 1998. Leadership dynamics, Macmillan publishing, Co New York .

-Wen sj. T.1998. Ethics, the heart of leadership, Westport, ct: praeger .

-Marnburg, E.1998. Ethics in business : atheoretical and empirical study of invidual of behavior organizational and educational determinants of behavior in ethical conflict Norges tekniske tiogstole ,situation..Norway

Ory ,essional ethics and Liberiansprof ,1985.prentice &Jonathan ,Lindsey -x press, phoenix, Arizona, U.S.A.

الإدارة الإبداعية

Innovative administration

مقدمة:

إن مما لا شك فيه أن الإدارة الروتينية التي تقوم بواجباتها الإعتيادية لم تعد مقبولة، وذلك بسبب التعقد المتنامي للمؤسسات، وارتفاع مستوى تأهيل العاملين، والتنافس المتزايد مع المؤسسات الأخرى، والإلحاح الشديد على تبني مفهوم المساءَلة وتطبيقها فعلياً في ميدان العمل، ولكي ترتقي الإدراة الى مستوى التعامل مع التحديات السالفة الذكر بل والتغلب عليها، لا بد لها من أن تصبح إدارة إبداعية تؤمن بالإبداع وتمارسه في عملها التنظيمي، ولعلنا يجب أن نشير هنا إلى أن إدارة الإبداع لا تعني أن يكون المديرنفسه مبدعاً فقط، بل أن يخلق بيئة إبداعية حافزة للإبداع، ومناخاً إبداعياً يحض على الإبداع، ويدفع إليه، يحتضن مخرجاته ويعمقها بما يعود على المؤسسة بالتميز، والريادة، والقدرة على تحقيق الأهداف بأقصى قدر من الفعالية.

مفهوم الإبداع:

الإبداع لغة- وكما جاء في لسان العرب- مأخوذ من الفعل بَدَعَ حيث يُقال بدع الشيء: أو ابتدعه تعني أنشأه وبدأه أولاً، وقد ورد في الذكر الحكيم" قل ما كنت بدعاً من الرسل"، أيّ ما كنت أول من أُرسل، كما ورد في المعجم الوسيط: بدعه بدعاً: أي أنشأه من غير مثال.

أما في الإصطلاح فقد وردت في الأدبيات تعريفات كثيرة حيث عرّفه الغمري مثلاً على انه "عملية معينة يحاول فيها الإنسان عن طريق استخدام تفكيره وقدراته العقلية، وما يحيط به من مؤثرات مختلفة وأفراد مختلفين أن ينتج إنتاجاً جديداً بالنسبة له، أو بالنسبة لبيئته على ان يكون هذا الانتاج نافعاً للمجتمع الذي يعيش فيه"، وقد عرفه "هافل" على أنه " العملية التي تؤدي إلى تكوينات أو تركيبات أو تنظيمات جديده" بينما ربطه "جيلفورد" بالمشكلة مباشرة حيث رأى أنه" يعني حلاً لمشكلة ما، وأن الإنتاج الإبداعي يبدو كوسيط كوسيلة يقودنا إلى الهدف الذي هو حل المشكلة"، كما جاء تعريف "هاكينون" في ذات الاتجاه حيث أشار إلى أن الإبداع" يسعى لتحقيق انتاج يتميز بالجدية والملاءمة وإمكانية التطوير"، ومن الجدير بالذكر أن مصطلحات مثل الابتكار

والخلق تستعمل كمرادفات للإبداع في هذا السياق وكلها تشير إلى انتاج شيء جديد على غير مثال سابق، أو غير مألوف وحسب كون Kuhn يحكم على الأفعال بأنها إبداعية حين تنتج شيئاً جديداً Novel ومهماً وذا قيمة اجتماعية، ولعل من المناسب هنا أن نميز بين التغير التنظيمي والإبداع التنظيمي حيث يميّز بينها في العادة حسب مستوى الجدّة، وبالنسبة للبعض يعني التغيير تبني فكرة جديدة أو سلوك جديد بالنسبة للمنظمة في حين أنّ الإبداع هو تبني فكرة أو سلوك جديد بالنسبة لمجال سوق المنظمة أو بيئتها المحيطة، أو بالنسبة لقطاع العمل ذاته.

أشكال الإبداع

إن الإبداع قد يأخذ أشكالاً أو صوراً عديدة أوردها القريوتي على النحو التالي:-

1 فكرة جديدة، أو منتج جديد، أو أسلوب جديد.

2 التجميع Synthesis لأفكار ومعلومات غير مترابطة وتحويلها إلى فكرة جديدة أو منتج جديد.

3 التوسع Extension كاستخدام فكرة جديدة في مجالات جديدة.

4 الاقتباس أو التقليد Imitation وذلك لتجارب الآخرين.

ومن الملاحظ أن الشكل الأول الفكرة الجديدة هو أرقى صور الإبداع، ويليه التجميع والتوسع، ومن الصعوبة بمكان أن نعتبر الاقتباس شكلاً من أشكال الإبداع حيث تبدو الإضافة من قبل المبدع هنا أمراً قليل الأهمية.

خصائص الإبداع:

إن هناك جملة خصائص لا بد من توفرها في الإبداع وهي:

1- الإبداع ظاهرة فردية وجماعية.

2- الإبداع ظاهرة إنسانية عامة، وليست ظاهرة خاصة بأحد.

3- الإبداع كالشخصية يرتبط بالعوامل الموروثة، كما يمكن تنميته وتطويره.

ولعل من الأهمية بمكان أن نلاحظ أن الإبداع ليس فردياً كما يعتقد كثيرون وإنما قد يكون جماعياً أيضاً، كما لا بد من ملاحظة أن الإبداع يمكن تنميته بالتدريب والتعلم، الأمر الذي يلقي بمسؤولية خاصة على المؤسسات التي يجب أن تصمم البرامج والفعاليات المختلفة التي تحفز القدرات الإبداعية وتنميها.

عناصر الإبداع:-

لقد أشار الباحثون إلى سبعة عناصر رئيسة للإبداع هي:-

1- العقل المتسائل الخلاق: Creative inquiring mind وهو العقل الذي يأخذ بالمسلمات، ولا يقبل الإجابة الواحدة، وإنما هو دائم العمل والبحث عن الأشياء المستحدثة.

2- القدرة على التحليل والتجميع: Inductive-deductive بمعنى القدرة على تحصيل المعلومات، وتحليلها، وتقويمها، واستخدامها في المواقف المناسبة.

3- القدرة على التخيل والحدس: Imagination guess وهي القدرة على تصور الصيغ والحالات الجديدة والإحساس العميق بالأشياء وتخمينها.

4- الشجاعة والثقة بالنفس: ecdenSelf confi وتعني الجرأة الأدبية، والقدرة على إعلان الرأي والتمسك به بغض النظر عن موافقة أو معارضة الأخيرة له.

5- التمرد على السلطة: Repulsive toward authority حيث يميل المبدع عادة إلى معارضة أشكال السلطة المختلفة لأنها قد تتناقض مع قناعاته وأفكاره المتفردة والمختلفة، وهو إذ يحترم السلطة فإنما يحترمها إذا كان مقتنعاً بتوجهاته ومنطلقاتها.

6- النزوع إلى التجريب : Tendency to experimentation إذ لا يتقبل المبدع الأمور كما هي بل يميل إلى اختبار الأشياء وتجربتها للتأكد مما قد سطرته حولها.

7- النقد الذاتي : Self evaluation بمعنى أن المبدع يميل إلى تقويم سلوكه وطرائق تفكيره، وفي سبيل تحقيق ذلك فإنه لا يتردد في نقد ذاته ومراجعتها بالأساليب المختلفة.

أبعاد الإبداع:

إن هنالك عدة أبعاد لعملية الإبداع وهي:

1- الفرد المبدع: وهو يتميز عادة بخصائص كثيرة من أهمها: حب الإستطلاع، والمخاطرة، والقدرة العالية على الإنجاز، والاستقلالية، وعمق التفكير، وهي باختصار جملة عوامل عقلية، وأخرى جسمية ونفسية.

2- العملية الإبداعية: وهي عملية معقدة تتداخل فيها عوامل ومؤثرات كثيرة، وسوف يتم توضيحها عند الحديث عن مراحل الإبداع.

3- الإنتاج الإبداعي: والذي يجب أن يتميز بالجدة، والأصالة، والإستجابة لتحديات بيئية معينة.

4- الموقف الإبداعي: وهو ما يتصل بالمعطيات والظروف البيئية التي تتم العملية الإبداعية في إطارها، ومن المعروف أن البيئة ذات تأثير لا ينكر في الإبداع، من حيث أنها تشكل مصدراً للمعلومات الفنية، والأفكار، والآليات، ومن حيث أنها يمكن أن تكون مصدراً مالياً وبخاصة للمنظمات العامة، وذلك من خلال الضرائب مثلاً.

دوافع الإبداع:

لقد اختلف العلماء والباحثون في دوافع الإبداع وأرجعوه لعوامل عديدة، فقد أرجعه "فرويد" على سبيل المثال إلى رغبة المبدع في التسامي عن الرغبات الجنسية المكبوتة لديه، وأرجعه "إدلر" إلى نتيجة شعور الفرد بالنقص وبالذات النقص العضوي، واعتبره "برجسون" عملاً فردياً يعتمد على الحدس والإلهام، كما اعتبره "يونج" عائداً للاشعور الجمعي الذي يُعتبر مصدراً للأعمال الفنية العظيمة، أما "جودشتاين" فقد رأى أن الإبداع يحدث بدافع تحقيق الذات، وحاجة الأفراد للارتباط بالعالم المحيط، وإذا دققنا النظر في الآراء المشار اليها آنفاً فإننا نجد أن الرغبة في تحقيق الذات Self actualization هي القاسم المشترك بين هذه الآراء، حيث إنّ الذي يحاول التسامي عن نزعاته المكبوتة والذي يحاول تجاوز نقصه، هو يحاول في الواقع تحقيق ذاته.

مصادر الإبداع: -

إنّ هناك مصادر عديدة للإبداع تتفاوت في أهميتها ومنها:

1- النجاح غير المتوقع والفشل غير المتوقع، والأحداث الخارجية غير المتوقعة.

2- عدم انسجام الواقع كما يجب أن يكون عليه.

3- الإبداع الناجم عن الحاجة إلى تغيير في العملية   Process .

4- التغيير في بنية قطاع العمل   Industry structure   أو بنية السوق   Market structure .

5- التغيير في العوامل الديمغرافية.

6- التغيير في الإدراك ، والأمزجة، والمعاني.

7- المعرفة الجديدة.

مراحل الإبداع:

لقد أشار الباحثون إلى مراحل عديدة للابداع ، فقد جعلها "روبي" مثلاً ثلاث مراحل هي: مرحلة الشعور بالحاجة Need recognition ، حيث يكون مستوى الآداء دون مستوى الطموح،

ومرحلة المبادأة Initiation حيث تتداعى الأفكار والبدائل لحل المشكلة، ومرحلة التطبيق Implementation حيث يتم تبني إبداع معين ووضعه موضع التنفيذ، أما " روسمان"، " وكينيكس" و "كريتنير" فقد جعلوها خمس مراحل، ولما كان تصنيف "والاس" هو أشهر هذه التصنيفات فإننا سوف نلقي بعض الضوء على المراحل التي أشار إليها:

1- مرحلة الإعداد والتحضير:حيث يتم جمع المعلومات عن الموضوع في هذه المرحلة.

2- مرحلة التبصر والتفريخ: حيث يتفاعل الباحث في هذه المرحلة مع موضوع البحث، واقتراح الحلول والبدائل.

3- مرحلة البزوغ والإشراق: وفي هذه المرحلة يتم البزوغ المفاجئ للفكرة المحورية، أو العمل النموذجي.

4- مرحلة التحقق أو التنفيذ: وفي هذه المرحلة يتم التبصر بالفكرة المحورية التي تمخضت عنها مرحلة البزوغ، ويتم تحديد طرق تطبيقها.

ويتضح من استعراض هذه المراحل سواء أكانت ثلاث، أو أربع، أوخمس أن الإبداع يمر بمرحلة استكشاف وجود مشكلة ما يتم الإستغراق في بدائل حلها إلى أن يبرز حل ما فعال وغير مألوف يصار إلى تطبيقه في ميدان العمل.

مداخل دراسة الإبداع:

هناك عدة مداخل لدراسة الإبداع من المستحسن الإشارة إليها وهي:

1- التركيز على العملية الإبداعية: بمعنى دراسة ماهيتها وكيفية حدوثها.

2- دراسة الناتج الإبداعي: بمعنى دراسة الناتج الإبداعي، فكرة كان أو منتجاً، أو طريقة.

3- دراسة الصفات الشخصية للمبدعين: بمعنى دراسة سماتهم وخصائصهم.

الإبداع التنظيمي:

بعد أن عرفنا مفهوم الإبداع، وصوره ، ومراحله ، ومداخل دراسته لا بد من التطرق إلى جوهر موضوع هذا الفصل وهو إدارة الإبداع في المؤسسة، والتالي فسوف تتم الإجابة عن بعض التساؤلات الهامة من مثل: كيف يكون الإداري إدارياً مبدعاً؟ كيف يمكن للمؤسسة أن تشجع الإبداع وتحفزه؟ ما مقومات الإبداع المؤسسي؟، وما مقومات الإبداع الإداري أو المؤسسي؟، والجدير بالذكر هو أن إدارة الإبداع في العصر الحاضر أصبحت غاية في الأهمية بحكم ضرورات التميز والقدرة على المنافسة التي

أصبحت المؤسسات المختلفة مضطرة للإتصاف بها. ولعل السياق هنا يقتضي أن نبدأ بتوضيح مفهوم الإبداع التنظيمي، فقد ورد في حريم 1997 أن هذا الإبداع هو " تطبيق فكرة طورت داخل المنظمة أوتمت استعارتها من خارج المنظمة- سواء أكانت تتعلق بالمنتج أوالوسيلة أو النظام أوالعملية أو السياسة أو البرنامج أو الخدمة- والتي هي الفكرة جديدة بالنسبة للمنظمة حينما طبقتها". ويستخدم بعض الباحثين الإبداع الإداري كمرادف للإبداع المؤسسي أو التنظيم حيث يرون أنه "تغييرات في الهيكل التنظيمي وعمليات المنظمة مثل إعادة تصميم العمل، وسياسات وإجراءات جديدة، ونظم مراقبة جديدة، وبرامج تدريب جديدة".

ولعل من الواضح أن هذا النوع من الإبداع يهدف إلى الارتقاء بمستوى الأداء المنظمي من خلال إجراء تغييرات، أو تبني سياسات، ، أو اعتماد طرائق جديدة، والواقع أن هذه التغييرات، والسياسات، والطرائق تأتي على صور عدة أشار إليها "هارولد ليفت" على النحو التالي:

1- خلق فرص تدريبية لأفراد المؤسسة، وكذلك فرص مشاركة في الفعاليات ذات العلاقة.

2- تعلم حل المشكلات بصورة إبداعية Creative proble m solving وذلك من خلال تدريب الفكر على المرونة والانطلاق من القوالب الجامدة إلى الآفاق الرحبة.

3 تنمية المهارات الإبداعية في صنع المشكلات، ويُقصد بذلك صنع أو بناء المشكلات. Creative problem making من العدم والعمل على حلها.

كما أشار باحثون آخرون إلى عدد من الاستراتيجيات الأخرى التي يجب أن تتبناها التنظيمات التي تسعى إلى الإبداع وهي:-

1- الميل للإنجاز، وإعطاء الأولوية للأداء أكثر من أعمال التحليل واللجان.

2- العمل على تنمية الصلات والعلاقات مع المستفيدين من الخدمة.

3- إعطاء الاستقلالية للوحدات والأقسام بشكل يشجعها على تفكير الإبداع.

4- تنمية قدرات جميع المرؤوسين بهدف زيادة الإنتاجية.

5- تنمية البيئة التنظيمية.

6- ديمومة التواصل بين القيادة التنفيذية والفعاليات الرئيسة في المنظمة.

كما أشار كاو Kao إلى أن الإبداع قد يكون من خلال :-

1- تفعيل سياسة جديدة.

2- إيجاد فرصة جديدة أو تطوير منتج جديدة، أو إيجاد سوق جديدة.

3- استخدام أسلوب جديد، أو تبني إجراءات عمل جديدة أو تكنولوجيا جديدة.

4- تصميم هيكل تنظيمي جديد، أو إحداث تعديل على الهيكل الرسمي.

ركائز الإبداع التنظيمي وعناصره:

لقد أشار الباحثون إلى عدة دعائم يقوم عليها الإبداع المنظمي وأهمها:

-1 التعريف بالقيم التنظيمية وتعميقها في نفوس وعقول أعضاء التنظيم.

-2 التركيز على الأداء. Performance وتحري الموضوعية في تقويمه.

-3 تشجيع روح الاستقلالية والمخاطرة.

-4 الحرص على كرامة العاملين عند التعامل معهم.

-5 تبسيط الإجراءات الإدارية بقدر الإمكان.

-6 تطوير بيئة تنظيمية متسمة بالمرونة.

-7 توفير هيكل تنظيمي منفتح.

-8 التأكيد على دور "البطل".

-9 تطوير نظام اتصال فعال.

-10 اعتماد مبدأ تفويض السلطة Delegation of authority والمشاركة ipationpartic في اتخاذ القرار.

-11 التركيز على تدريب العاملين لتجديد معارفهم، ومهاراتهم، واتجاهاتهم.

-12 التاكيد على محورية دور الإداري في خلق المناخ المؤسسي الملائم للإبداع.

-13 الإهتمام الخاص بالبحث والتجريب لما لهما من صلة وثيقة بالإبداع.

وقد أورد كون Kuhn عدداً من المقترحات التي يمكن أن تساعد على بناء بيئة تنظيمية مساعدة على الإبداع أهمها:-

1- تشجيع العاملين على المخاطرة، وذلك بالتزامن مع توفير الأمن النفسي، والتسهيلات المادية الضرورية التي تساعد الفرد على المبادرة، وخوض بعض التجارب التي قد تكون فيها مخاطرة.

2- التركيز على التنويع ما أمكن، وذلك على أساس أنّ التنويع يحمل الجديد الذي يمكن أن يغني، وأن يقود إلى الإبداع.

3- خلق روح جماعية متحمسة في المنظمة فيما يتعلق بالمجالات التي قد تكون مناسبة لممارسة

المخاطرة إذا لم ترتكب ثلاثة أخطاء في اليوم فأنت إذن لا تعمل . وباختصار لا بد من ممارسة التجريب ، وبالذات في مرحلة الإبداع.

ولعل من الواضح أن الإداري يلعب دواً اساسياً في توفير هذه الركائز أوالعمل على الإرتقاء بها، ومع ذلك فإن بعض الباحثين أشاروا إلى مقومات للإبداع الإداري بالذات وأهمها:

1- الانتماء المؤسسي بمعنى الولاء للتنظيم وبذل كل ما يجب لتجديد الأداء.

2- الحس الإقتصادي والاجتماعي، بمعنى أن يكون الإداري ذا حساسية للأوضاع الاقتصادية والاجتماعية في المؤسسة ومحيطها الإجتماعي.

3- العقلية العملية في التعامل مع المشكلات، بمعنى أن يعالج الإداري المشكلات التي تواجهه باسلوب عملي وواقعي.

4- الانفتاح على الرأي الآخر، وتقبل مبدأ الاختلاف في الإجتهاد.

5- الإيمان بمواهب الآخرين، وقدراتهم، وعطائهم.

6- الحفاظ على البعد الإنساني في التواصل مع العاملين.

7- المثالية والمستقبلية، بمعنى وضع مثال يتطلع اليه، أو "قدوة" ، أو" أنموذج"، مع التركيز على المستقبل لا على الحاضر أو الماضي.

أما فيما يتعلق بعناصر الإبداع فقد لخصها جريك craig في عنصرين هما:

-1 التفكير الاستراتيجي Strategic thinking ويعني وضع الخطط المستقبلية للتطوير.

-2 بناء الثقافة المؤسسية Organizational culture building ويعني تطوير مجموعة عادات وأعراف وتقاليد تشكل قوام ثقافة مؤسسية منفتحة تركز على المرونة، والتميز في الأداء، والإستجابة لاحتياجات العاملين وتعظيم فرص المشاركة في صناعة القرار.

خصائص الإدارة الإبداعية:

إن هناك مجموعة خصائص رصدها الباحثون للإدارة المبدعة وأهما:

1- القدرة الفكرية: بمعنى أن يكون المدير قادراً على انتاج مجموعة كبيرة من الأفكار التطويرية الآنية والمستقبلية.

2- وضوح الهدف: بحيث يكون هناك وضوح للهدف او الرسالة التي تريد المؤسسة تحقيقها، وذلك لتوجيه جميع الجهود، والفعاليات والأنشطة باتجاه تحقيق هذا الهدف.

3- بناء هياكل تنظيمية: فوجود هيكل تنظيمي مرن يمكن الإدارة من تحقيق أهدافها، ولا شك

أن من ملامح مرونة الهيكل التنظمي قلة الحواجز فيه بين الأقسام والوحدات، وسهولة التواصل.

4- استخدام تكنولوجيا المعلومات: حيث يفترض أن تسهل هذه التكنولوجيا العمل، وتنقله إلى آفاق جديدة، فضلاً عن تيسيره، وإيصاله إلى أكبر قطاع من المستفيدين.

5- التركيز على عمل الفريق Team work وهذا لا يعني بالطبع عدم الاهتمام بمسؤولية الفرد وحفزه وصولاً إلى الأداء المتميز.

6- التأكيد على خلق هوية متميزة خاصة بالمؤسسة: وهذا يتأتى من خلال بلورة مناخ تنظيمي متميز organizational climate أو ما يمكن أن يسمى ثقافة تنظيمية مشتركة Organizational culture .

7- التركيز على السلوك الإداري الديمقراطي: الذي يشبع حاجات الجميع، ويسمح بمشاركة الجميع، ويصل إلى تحقيق الأهداف من خلال جهود لجميع، وهذا لا يتأثر بالطبع إلا من خلال توفر ثقة لدى الإدارة في العاملين، وتقبل أفكارهم واقتراحاتهم، وتربيتهم عل اساس انجازهم وليس على أي أساس آخر.

ولقد صنف بعض الباحثين المديرين إلى عدة أنماط من حيث توافر قدراتهم الإبداعية ، وهذه الأنماط هي:-

1- المدير المضغوط: وهو ذو القدرات الإبداعية الضعيفة ، والمعلومات غير الكافية، وهو يعيش في العادة حالة من عدم التأكد فيما يتعلق باتخاذ القرار.

2- المدير المحظوظ:- وهو ذو القدرات الإبداعية المنخفضة ، ولكنه ذو حظ من حيث توافر المعلومات.

3- المدير المبتكر: وهو ذو القدرات الإبداعية العالية، والطاقات المتجددة، وتظهر قدراته عادة من خلال حل المشكلات.

4- المدير المرموق: وهو ذو القدرات العالية في التطوير والتحسين بشكل مستمر، وهو يمارس في العادة حالة تأكد أثناء عملية صنع القرار.

وفيما يتعلق بتنمية المهارات الإبداعية لدى العاملين في المنظمة أشار عبد الوهاب 1980 إلى عدد من الأمور الهامة التي لا بد من ملاحظتها وهي:-

1- إعطاء العاملين الوقت والحرية للتعبير عن آرائهم.

2- أن يكون المديرون والمشرفون مثلاً أعلى في سلوكياتهم الوظيفية، وأعمالهم لبقية الأفراد

العاملين في التنظيم.

3- تبني الإدارة لمفهوم التنافسية وتنمية هذا التوجه .

4- اعتماد التدريب كوسيلة مهمة لتنمية الأفكار والمهارات لدى العاملين.

5- تبني أنظمة حوافز ذات كفاءة وفعالية عالية لتحريك مشاعر وحاجات الأفراد نحو العمل.

6- ضرورة العمل على خلق تفاعل إيجابي بين المنظمة الإدارية والبيئة المحيطة.

ولعل خصائص الإدارة المبدعة ملتصقة التصاقاً كبيراً بخصائص الإداريين المبدعين إذ لا إدارة مبدعة بدون مدير مبدع، أما أهم خصائص الإداري المبدع فهي: الرؤية الاستراتيجية، والثقة بالنفس، والقدرة المتميزة على التكيف والتجديد، والجرأة في التفكير والتجريب، وقد يقود استعراض هذه الخصائص إلى طرح السؤال التقليدي وهو: هل هذه الخصائص موروثة أم متعلمة ومكتسبة؟ وبالطبع فإن الإجابة العلمية على هذا التساؤل هوأن هذه الخصائص يمكن اكتسابها، والتدرب عليها وإن كان هذا لا يتناقض مع أن اكتساب الأفراد وتعلمهم يتعمق مع وجود استعدادات موروثة لديهم، ومن المؤكد أن هذا يجعلنا نهتم بتدريب الإداريين وتنمية قدراتهم الإبداعية وذلك من خلال مضاعفة اهتمامهم بالآخرين، وتدريبهم على التخطيط الاستراتيجي، وتعظيم مهاراتهم على التحليل والتكيف مع مقتضيات التغير، وتنظيم الحوارات العلمية الفنية والبناءة، والتأكيد على أهمية المكافأة: المادية والمعنوية، ومن الجدير بالذكر في هذا السياق أن الباحث هيجان 1995 قام بدراسة عن تقويم دور التدريب في تنمية الإبداع في المنظمات حيث وجد أن الإبداع لدى الأفراد مثله مثل أي قدرة عقلية أو مهارة قابلة للنمو والتطوير، وقد أوصى الباحث بما يلي:

1- قيام المؤسسات التدريبية في العالم العربي بتصميم برامج ملائمة تنمي مهارة الإبداع لدى العاملين في ضوء احتياجاتهم.

2- تشجيع الموظفين على الإلتحاق بالبرامج التدريبية المختصة بالإبداع الإداري.

3- توفير المناخ التنظيمي الملائم الذي يساعد الأفراد على التفكير بطريقة إبداعية، وتطبيق ما تم التدرب عليه في برامج الإبداع الإداري.

4- إيجاد آلية مناسبة يمكن من خلالها تعاون مؤسسات التدريب من جهة والمنظمات المستفيدة من جهة أخرى على تقويم مدى فعالية برامج التدريب على الإبداع الإداري.

معوقات الإبداع:

لقد صنف الباحثون معوقات الإبداع على النحو التالي:

1- معوقات اجتماعية النظام الأسري، والنظام التربوي .

2- معوقات تنظيمية سلبية المناخ التنظيمي، والالتزام بمرونة الأنظمة والقوانين، وعدم تقبل الأفكار التطويرية .

3- معوقات شخصية   الخوف من الفشل ، وعدم المرونة، و إحساس الفرد بعدم أهميته .

أما على المستوى المؤسسي بالذات، فإن أهم معوقات الإبداع هي:

1- التركيز على الأبعاد النظامية والشكلية أكثر من التركيز على الأبعاد الانتاجية والإبداعية في المؤسسة.

2- عدم الفصل بين السياسة والإدارة في القطاع العام، وعدم الفصل بين الملكية والإدارة في القطاع الخاص، الأمر الذي يؤدي إلى ان يشغل المواقع القيادية الإدارية أفراد ليسوا على المستوى المناسب من حيث الأهلية والمهارة الإدارية.

3- هيمنة النظرة التقليدية لموضوع الربح، بمعنى أن أفضل مدخل لتحقيق مزيد من الربح هو تقليل التكاليف .

4- القيم الإجتماعية السائدة والتي تنظر إلى الإبداع نظرة توجس وشك.

5- محدودية الموارد والتي تؤثر بالتالي على امكانية تجريب الأفكار الإبداعية وتطبيقها.

ولعل من المناسب هنا أن نشير إلى بعض القضايا المتعلقة بالإدارة الإبداعية:-

1- هل الإدارة الإبداعية فردية أم جماعية؟ هل الإبداع محصور في الأفراد أم يمكن للجماعات أيضاً أن تكون مبدعة؟.

2- ما الفروق والسمات المتشابهة بين الإبداع في المجالات المختلفة؟ وهل الإبداع واحد أينما وجد؟

3- التعبير   articulation عن النظرية والتطبيق ، كيف يمكن للبحث أن يكون تنظيراً أصيلاً، وفي نفس الوقت مرتبط بالواقع: أي متميز وفي نفس الوقت ذي صلة.

4- ما نوع المؤسسات التي نريد أن نطور؟

5- ماذا عن حقوق الملكية الفكرية؟

6- كيف يمكن أن نشجع مشاريع تحمل سمات المخاطرة الكبيرة؟

7- كيف يمكن أن نحدد المواهب؟ قد لا يكون الأفراد المبدعون هم الأذكى وهم على الغالب ليسوا الأقوى.

الإدارة الإبداعية في السياق التربوي:-

لقد أصبحت الإدارة الإبداعية مطلوبة في الميدان التربوي كما هي مطلوبة في كافة الميادين الأخرى، وذلك بسبب التحديات الكبيرة، والظروف المتغيرة، والمنافسة الشديدة التي تواجهها في عالم اليوم.

والواقع أنّ الوصول إلى الإدارة الإبداعية في الميدان التربوي مسألة ليست سهلة، وذلك بحكم عدة أمور أهمها: الطبيعة المحافظة للمؤسسة التربوية بشكل عام، وعدم قدرة الميدان التربوي على استقطاب العقول الكبيرة والكفاءات النادرة إليه بسبب قلة العوائد المادية، وتدني المكانة الاجتماعية نسبياً، والنظرة الضبابية إلى الإبداع على أنه عملية كبيرة لا يستطيعها إلا إنسان فذ صاحب قدرات خارقة.

إنّ كل ما تمت الإشارة إليه من معوقات يجب أن يقود إلى تضمين موضوع الإبداع في مناهج وفعاليات المؤسسة التربوية لكي يصبح جزءاً من ثقافتها وبالتالي يمارسه الطالب، ويؤمن به المعلم، ويتطلع إليه الإداري في أي موقع إداري يشغله.

وإذا تذكرنا أنّ المجتمعات العربية تواجه أوضاعاً صعبة: سياسية، واجتماعية، اقتصادية، وثقافية فإننا يجب أن نتطلع إلى مؤسسة تربوية متفوقة تقوم بواجباتها، وتضطلع بمسؤولياتها بكفاية، ولعل ذلك لا يتوفر إلا إذا توفرت لهذه المؤسسة إدارات إبداعية: تفهم الإبداع، وتمارسه، وتتابع أفكاره وتجلياته ليس فقط في المؤسسة التربوية ذاتها، بل في المجتمع على أوسع نطاق.

ولا شك أن الوصول إلى هذه المرحلة المتقدمة من أسلوب عمل الإدارة التربوية يتطلب منها أن تغيّر من أساليبها التقليدية وتتبنى بدلاً من ذلك استراتيجيات تطويرية واعدة كالتركيز على الأداء، وتشجيع روح المغامرة، والحرص على مشاركة كل ذوي العلاقة، وتطوير نظام اتصال فعال، وتوفير هيكل تنظيمي مرن.

ولكي نكون منصفين فإنّ الإدارة التربوية وحدها لا تستطيع أن تقوم بهذا العمل، بل لا بد أن تقوم به في ظل " توجه عام" و "سياسة موضوعة"، الأمر الذي يفرض على وزارة التربية والتعليم بل على المجتمع بشكل عام أن يطور" ثقافة الإبداع" ويشيعها ويجعلها مطلباً ملحاً.

المراجع باللغة العربية :-

- حريم حسين، 1997 . السلوك التنظيمي: سلوك الأفراد في المنظمات.زهران للنشر، عمان.

- القريوتي، محمد. 2000 , السلوك التنظيمي ط 3، الشروق، عمان.

- الخطيب، أحمد. 2001 . الإدارة الجامعية: دراسات حديثة، مؤسسة حمادة للدراسات الجامعية والنشر والتوزيع، إربد، الأردن.

- عساف، عبد المعطي. 1999 . السلوك الإداري" التنظيمي" في المنظمات المعاصرة، زهران للنشر، عمان.

- بدران، إبراهيم. 1988 ملاحظات حول الإبداع في الإدارة: محاضرات في برنامج الإدارة العليا المنعقدة في معهد الإدارة العامة، عمان.

- علي، سر الختم. 1986 . " الإبداع الإداري والتطوير التنظيمي" في الإدارة العامة والإصلاح الإداري في الوطن العربي. تحرير ناصر محمد الصائغ، المنظمة العربية للعلوم الإدارية، عمان.

- الغمري،إبراهيم. 1983 . السلوك الإنساني في الإدارة الحديثة الإسكندرية: دار الجامعات المصرية.

- الطيب، حسن. 1988 . محاور لتنمية التجارب الإبداعية في استراتيجيات الإصلاح والتطوير الإداري، مجلة الإدارة العامة، الرياض.

- العمري، صالح. 2000 .إدارة الوقت وعلاقتها بالقيادة الإبداعية لأي عمداء كليات جامعة البلقاء التطبيقية في الأردن رسالة دكتوراة غيرمنشورة، جامعة بغداد.

- العناقرة، فاطمة. 1990 المنظمات الإدارية الإبداعية كما يتصورها القادة الإداريون، رسالة ماجستير غير منشورة، جامعة اليرموك، إربد.

- حسين، محي الدين. 1981 . القيم الخاصة لدى المبدعين، دار المعارف، القاهرة.

- أوشي، وليم. 1985 . النموذج الياباني في الإدارة نظرية Z ، مترجم حسن يس/ معهد الإدارة العامة، الرياض.

- روشكا، الكسندرو 1989 ، الإبداع العام والخاص، مترجم غسان أبو فخر، سلسلة عالم المعرفة، المجلس الوطني للثقافة والفنون والآداب، الكويت.

- منصور، زهير، مقدمة في منهج الإبداع، دار ذات السلاسل للطباعة والنشر، الكويت.

- الأعرجي، عاصم. 1995 . دراسة معاصرة في التطوير الإداري، دار الفكر للنشر والتوزيع، عمان.

- الجيلاني، حسان. 1998 : الإبداع والمجتمع: محاولة للاقتراب من بعض معوقات الإبداع في المجتمعات العربية، المعرفة.

- سنيبرغ، فرنك. 1998 . الإدارة بضمير، ترجمة بيت الأفكار الدولية.

- السلمي، علي. 1992 . الإدارة المصرية في مواجهة الواقع الجديد، مكتبة غريب، القاهرة.

- فضل الـلـه، علي. 1986 . المقومات السياسية والاقتصادية والاجتماعية والثقافية في العالم العربي وأثرها في توجهات الإبداع الإداري، المجلة العربية للإدارة.

- هيجان، عبد الرحمن. 1996 . كيف نوظف التدريب من أجل تنمية الإبداع في المنظمات، المجلة العربية للدراسات الأمنية والتدريب، السنة 10 ، العدد 20 ، الرياض.

- العميان، محمود. 2004 ، السلوك التنظيمي في منظمات الأعمال، ط2، دار وائل للنشر والتوزيع، عمان.

- المعاني، أيمن. 1995 ، أثر الولاء التنظيمي على الإبداع الإداري، رسالة ماجستير غير منشورة، الجامعة الأردنية، عمان.

- المعاني، أيمن. 1996 ، الولاء التنظيمي: سلوك منضبط وإنجاز مبدع، مركز أحمد ياسين الفني، عمان.

- كاظم، محمود. 2001 ، السلوك التنظيمي، دار صفاء للنشر والتوزيع، عمان.

- ناجي، شوقي. 1992 ، سلوكيات الإنسان وانعكاساتها على إدارة الأعمال، دار الحكمة، بغداد.

المراجع باللغة الإنجليزية:

-Peters, Tom and waterman, Bob1982 In Search of excellen.ce New York Harper and Row

.Michael ,Silva &Hick man -1.Creating excellence New America Library .984

.Jossey Bass publishers :ciscoHow to manage effectively San Fran 1985 ,s'Donald ,Kirpatrick -

Lnndstedt S -e1982 ,William ,.Jr ,and Colgsazier ,.ven B managing innovations New York: bergamon press.

- Kreitner, Robert and Kinicki, Angelo. 1992. Organizational behavior, 2ed. Homewood, I I I : Irwin.

- Kao, John. 1991. Managing creativity, HarvardB usiness, Boston.

- Mackinnon, D.W. 1991 The study of creativity in proceedings of the conference on " The creative person " Berkeley, university of California.

-Urabe, Kunijyoshi & others 1988 Innovation and management, New York, U.S.A.

-Daft, Richard. 1992, organization: theory and design, west publishing company.

-Drucker, peter. 1985, Innovations and entrepreneurship, pan, Harper &plow publishes.

-Kao, John. 1991, the entrepreneurial organization, New York: prentice Hall, Inc.

-Kuhn.1986, frontiers in creative innovative management.

إدارة الجودة الشاملة

Total quality management

مقدمة

إن مما لا شك فيه أن العالم يشهد الآن تغييرات كبيرة ومتسارعة، وذلك بفعل عوامل عديدة أصبحت معروفة ومن أهمها: تنامي التكنولوجيا، والعولمة، والخصخصة، والتنافسية، وإذا كان كافياً من الإدارة في العصور الماضية أن تنسق برشد وفعالية بين الموارد البشرية والمادية لتحقيق الأهداف، فإنه أصبح مطلوباً منها الآن أن تتوسل بوسائل أكثر ابتكاراً وتجديداً، ولذا جرى التفكير بمداخل وطرائق واستراتيجيات إدارية جديدة لعل من أبرزها: إدارة الجودة الشاملة، ومن الواضح أن هذه الفلسفة الإدارية الجديدة تأتي في سياق عدم التوقف عند الكم والتركيز على الكيف أو ما يعرف اصطلاحاً الآن بالتركيز على النوعية quality. ومن الطبيعي أنه مرتبط أيضاً بالنزعة العالمية الى ترشيد الاستهلاك، وتقليل الكلفة، وتعظيم الموارد في عصر أصبح واضحاً فيه اننا نعيش اختلالاً بين تزايد في الطلب ومحدودية في الموارد حيث إن من المتوقع أن يحقق تطبيق مثل هذه الفلسفة الادارية إدارة الجودة الشاملة انتاجاً ذا مستوى أفضل من خلال انتهاج أساليب إدارية تتسم بالفعالية والكفاية معاً. وإذا كان العالم المتقدم قد سبقنا بمالا يقل عن نصف قرن في مجال تبني هذه الفلسفة فلا أقل من أن نفيد منها الآن ونحن نواجه عجزاً واضحاً في الانتاج الى درجة أن انتاج جميع الدول العربية مجتمعة يقل عن الناتج القومي لدولة أوروبية صغيرة هي فنلندا، ولعل الوضع التعليمي في البلدان العربية لا يقل هشاشة عن الوضع الاقتصادي، حيث ما زالت بلداننا تعاني من الأمية، والهدر والتسرب، وضحالة الإلمام الأساسيات فضلاً عن التلكؤ في تأهيل المتعلمين للدخول الى عصر الإقتصاد الجديد، أي عصر الإقتصاد المعرفي knolowedge based economy.

ولعلنا نضيف بان التعليم العالي في البلدان العربية ليس أحسن حالاً على ما أحرزه من تقدم على الصعيد الكمي، ويكفي أن نشير الى الدراسة التي قامت بها جامعة شنغهاي عن الجامعات المتميزة في العالم وخلصت في نهايتها الى أن من بين خمسمائة 500 جامعة متميزة في العالم لا توجد جامعة عربية واحدة من بين مائتي جامعة قائمة الآن في العالم العربي الذي يصل تعداد سكانه الى ثلاثمائة وخمسين 350 مليون نسمة بينما دخلت القائمة عدة جامعات من اسرائيل ومن اليونان!

مفهوم الجودة:

لكي نتعرف بدقة على مفهوم إدارة الجودة الشاملة،لا بد من الإشارة الى مفهوم الجودة quality أولاً. لقد ورد في المعجم الوسيط أن الجودة مشتقة من الفعل الثلاثي"جاد" والجودة تعني كون الشيء جيداً، أما معجم وبستر Websters New world dictionary فقد أشار الى أن الجودة هي صفة أو درجة يمتلكها شيء ما، كما قد تعني درجة الامتياز لنوعية معينة من المنتج".

أما في الاصطلاح فإن هناك تعريفات كثيرة جداً للجودة، فقد عرفها كروسبي 1993 مثلاً على أنها المطابقة مع المتطلبات ، كما عرفها آخرون على أنها أداء العمل بمستوى متميز، وقد جعلها البعض الثالث صنواً للفعالية. Effectiveness أو للكفاية Efficiency والواقع أنه يمكن تمييز ثلاثة جوانب في معنى الجودة هي:

1- جودة التصميم Design quality وذلك يمعنى تحديد المواصفات والخصائص التي ينبغي أن تراعى في التخطيط للعمل.

2- جودة الأداء: Perfomance quality وذلك معنى القيام بالأعمال وفق المعايير المحددة.

3- جودة المخرج: Product quality وذلك بمعنى الحصول على منتج وخدمات وفق الخصائص والمواصفات المتوقعة.

ولعل من أدق التعريفات للجودة تعريف منظمة المعايير الدولية.

ISo 9000 International standardization organization

التي ارتأت أن الجودة هي " درجة تلبية مجموعة الخصائص الموروثة في المنتج لمتطلبات العميل".

أبعاد الجودة ومحدداتها:

لقد كانت هناك شكوك منذ البداية حول مدى القدرة على قياس الجودة، وبالتالي كان هناك تخوف من أنها غير قابلة للإدارة unmanageable ومع ذلك فقد أشار المختصون إلى أن هناك تسعة أبعاد للجودة هي على النحو التالي:

1- الأداء Performance والمقصود بالأداء هنا خصائص المنتج الأساسية.

2- المظهر Feature ويعني المظهر هنا خصائص المنتج الثانوية.

3- المطابقة Conformance بمعنى أن يكون الانتاج حسب المواصفات المطلوبة.

4- الاعتمادية Reliability بمعنى ثبات الأداء بمرور الوقت.

5- الصلاحية Durability بمعنى العمر التشغيلي المتوقع.

6- الخدمات المقدمة Service بمعنى حل المشكلات والاهتمام بالشكاوي.

7- الاستجابة Response بمعنى مدى تجاوب البائع مع العميل.

8- الجمالية Aesthetics بمعنى إحساس الإنسان بالخصائص المفضلة.

9- السمعة Reputation بمعنى الخبرة والمعلومات السابقة عن المنتج.

ومن الجدير بالذكر أن الجودة تتحدد وفقاً لثلاثة عوامل هي:

1- توقعات المستهلكين.

2- خصائص المنتج.

3- أداء المنتج في الواقع العملي.

ومن الواضح أن تحقيق رضا المستهلك أوالزبون من خلال توفير خصائص متميزة في المخرج والحفاظ على مستوى هذا المخرج في الواقع العملي مسألة ليست سهلة على الإطلاق وتحتاج الى متابعة ومثابرة كبيرتين.

ثقافة الجودة   Quality Culture

إن من غير المعقول ان تقوم مؤسسة بالاعتناء بالجودة في مجال عملها بدون أن تكون هناك ثقافة للجودة يتم التوعية بها والتعريف بمفرداتها، بل والتدريب عليها، بحث تصبح في النهاية جزءاً أصيلاً من هموم المؤسسة وعملها ورؤيتها المستقبلية، وقد ارتأى عليمات 2000 تطبيق استراتيجية متكاملة لبناء ثقافة الجودة بحيث تقوم على ما يلي:

1- معرفة أوالتنبؤ بالتغييرات المطلوب إحداثها.

2- بناء خطة متكاملة لتنفيذ التغييرات المطلوبة.

3- اقناع العاملين في المؤسسة - وعلى كافة المستويات - بأهمية التغيير.

4- تقديم التشجيع والتحفيز المادي والمعنوي الضروري.

إدارة الجودة الشاملة Total quality management -:

يتكون هذا المصطلح كما هو واضح من ثلاثة عناصر:

الإدارة: وهي الأسلوب القيادي المتبع.

الجودة: وهي أداء العمل بمستوى متميز.

الشاملة: بمعنى أنها تؤثر في جميع العاملين في المؤسسة وتتطلب التزاماً منهم جميعاً سواءاً كانوا إداريين أومنفذين.
ولعل من الأهمية بمكان التمييز بين مفهومي "الجودة" "وإدارة الجودة الشاملة"، فالأولى كما أسلفنا تعني نوعية المنتج ومستواه، وعندما يقال توكيد الجودة، "أوضمان الجودة" مثلاً فإن المقصود هوالسعي الى استيفاء جملة خصائص نوعية في المخرج بحيث يكون متميزاً، أما إدارة الجودة الشاملة فهي فلسفة إدارية قائمة على عدد من الأسس والاستراتيجيات يُفترض بها أن تؤدي الى تحقيق الكفاية والفعالية معاً. ولعل من الواضح أن تبني مدخل إدارة الجودة الشاملة يعني حتماً السعي لتحقيق الجودة، وبالتالي فالمفهومان متصلان بصورة وثيقة.
ومن الجدير بالذكر أن مفهوم إدارة الجودة الشاملة نشأ تم في اليابان التي أرادت النهوض بعد هزيمتها واستسلامها غير المشروط في الحرب العالمية الثانية، وبهذا المعنى فقد تم اعتمادها كاجراء وقائي ضمن الاخفاق أو خشية تردي النوعية، ومن المعروف أن هذا النمط من الإدارة نجح نجاحاً كبيراً في اليابان الى درجة أن الدول الغربية فطنت الى أهمية هذا الموضوع، وبدأت شركاتها ومؤسساتها المختلفة تتسابق لتبنيه، كما أن المنظرين والمفكرين الغربيين بدأوا وبخاصة في السبعينات الثمانينات اغناء هذا الموضوع وتطويره من الناحية النظرية والفكرية، وفي هذا السياق يمكن الاشارة الى جهود أربعة أعلام هم: ديمنغ Deming,1970 وجوران Juran,1951 وكروسبي 1970Crosby, وأو يشيكاوا . Ishikawa,1980

مفهوم إدارة الجودة الشاملة:

لقد وردت تعريفات كثيرة لإدارة الجودة الشاملة في الأدب الإداري، فقد عرفها هتشن Hutchins على أنها" مدخل الإدارة المنظمة الذي يرتكز على الجودة ويبني على مشاركة جميع العاملين بالمنظمة، ويستهدف النجاح طويل المدى من خلال رضا العميل، وتحقيق منافع للعاملين بالمنظمة والمجتمع ككل"، وعرفها معهد المقاييس البريطاني على أنها" فلسفة إدارية تشمل كافة نشاطات المنظمة التي من خلالها يتم تحقيق احتياجات وتوقعات العميل والمجتمع، وتحقيق أهداف المنظمة كذلك بأكفأ الطرق وأقلها كلفة عن طريق الاستخدام الأمثل لطاقات جميع العاملين بدافع مستمر للتطوير".
أما المعهد الفيدرالي الأمريكي فقد عرفها على أنها " القيام بالعمل السليم بشكل واضح وصحيح من أول مرة Right first time مع الاعتماد على تقييم العميل في معرفة مدى تحسن

الأداء، وذلك باستخدام الطرق الكمية لإحداث التطوير المستمر في المنظمة" وباستقراء التعريفات المختلفة ولإدارة الجودة الشاملة يتضح ما يلي:-

1- أهمية رضا العميل أو"الزبون" أو " المستفيد".

2- الدور المحوري للعاملين في انجاز المنتج بمستوى رفيع من الجودة، ومن هنا تأتي أهمية تنمية العنصر البشري باستمرار.

3- إنجاز العمل بصورة صحيحة من المرة الأولى.

4- تشجيع الإدارة الذاتية من خلال توسيع فرص المشاركة للجميع.

5- توفير الأفكار والمعلومات والخبرات الجديدة بقصد التطوير المستمر.

6- استخدام الأساليب الكمية.

مراحل تطور مفهوم إدارة الجودة الشاملة:

لقد بدأت إدارة الجودة الشاملة تاريخياً من خلال جهود العديد من العلماء الذين عُنوا بموضوع الجودة وأهمهم: شيوارت shewhart و دمنغ Deming و جوران Juran ، وجروسبي Crosby ، والواقع أن شيوارت Shewart هو أول من تكلم عن ضبط النوعية y assurancequalit حيث قام بتطوير ضبط إحصائي للنوعية statistical quality control ثم تلاه تلميذه دمنج Deming الذي حول التركيز من الجوانب الفنية Technical إلى الجوانب الإدارية Total quality assurance ولأهمية دمنج كرائد فإننا نعرض لما سمي " بعجلة دمنغ" مع شرح لأهم مراحلها.

■ عجلة دمنغ

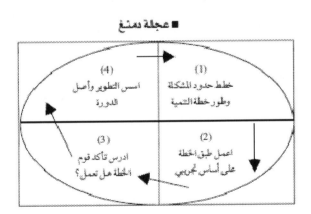

1 خطط Plan: في المرحلة الأولى عجلة ديمنغ ، تتم دراسة موقف ما، ويتم تحديد المشكلات وطرق حلها. في هذه المرحلة تتقرر توقعات " العميل"، كما يتم وضع معايير لقياس التحسن النوعي.

2 اعمل Do: في هذه المرحلة يتم تطبيق الخطة بصورة تجريبية، ويتم قياس التحسن، كما يتم توثيق النتائج.

3 ادرس Study: وهذه المرحلة سميت في الأصل مرحلة التأكد Check stage وهذا ما جعلهم يسمون الدورة Plan do- check-act - وقد غير ديمنغ التعبير من Check إلى Study في عام 1990 ليعكس طبيعة مرحلة التحليل المعمق. وفي هذه المرحلة يتم تقويم المرحلة لمعرفة مدى تحقق الأهداف الموضوعة في المرحلة الأولى، ولمعرفة إذا كانت هناك مشكلات جديدة قد نشأت.

4 تصرف Act: وفي هذه المرحلة الأخيرة يتم تطبيق الخطة، ويصبح التحسين النوعي جزءاً من العملية الاعتيادية. العملية مرة أخرى تعود إلى المرحلة الأولى لتبدأ الدورة من جديد للتعرف على مشكلات نوعية جديدة ولتطوير خطط عملها من خلال تحسن مستمر لإدارة برنامج ملتزمة بالنوعية.

ومن الملاحظ أن رواد إدارة الجودة الشاملة ركزوا على جوانب مختلفة لكنها متقاربة، فقد ركز جوران Juran مثلا على التخطيط الاستراتيجي للنوعية strategic quality planning وركز كروسبي على توخي عدم وجود ثغرات أو سلبيات Zero defects أما فيبسجباوم، فقد تحدث عن السيطرة النوعية الشاملة Total quality control وبشكل عام لا بد من الإشارة إلى أن إدارة الجودة الشاملة كفلسفة إدارية قد تأثرت بكلٍ من الإدارة اليابانية، وإدارة الموارد البشرية، والتميز.

ويمكن القول بأن إدارة الجودة الشاملة مرت في أربع مراحل هي:

1- مرحلة الفحص Inspection والتي تنطوي على قياس واختبار المنتج وتحديد مدى مطابقة المنتج للمواصفات الفنية.

2- ضبط الجودة quality control والتي تنطوي على النشاطات والأساليب الاحصائية التي تضمن المحافظة على مواصفات السلطة.

3- تأكيد الجودة quality assurance .

4- إدارة الجودة الشاملة Total quality management

فوائد تطبيق إدارة الجودة الشاملة:

إن تطبيق إدارة الجودة الشاملة في مؤسسة ما يحقق لها جملة فوائد أهمها:

1- تحسين الوضع التنافسي للمؤسسة وبالتالي تحقيق عائد مرتفع.

2- رفع درجة رضا المستفيد أوالمستهلك.

3- تحسين جودة المخرجات.

4- القيام بالأعمال بصورة صحيحة من المرة الأولى، الأمر الذي يقلل كلفة العمل حكماً، ويزيد الربحية.

5- حفز العاملين وتمكينهم من تحقيق ذواتهم.

6- رفع مستوى استجابة المؤسسة للمتغيرات والمستجدات.

7- رفع مستوى قدرات العاملين وتطويرها من خلال التدريب.

مبادئ إدارة الجودة الشاملة:

إن تطبيق إدارة الجودة الشاملة يرتكز على جملة مبادئ لا بد منها ومن اهمها:

1- تفهم ودعم الإدارة العليا.

2- التركيز على" المستفيد" أو " المستهلك"

3- التأكيد على حيوية عملية تحسين الجودة واستمراريتها.

4- توفير نظام ذي مصداقية للقياس.

5- وجود نظام فعال للاتصال.

6- اشراك جميع العاملين في جهود تحسين الجودة.

ونظراً الى أن دمنغ WEdwards Deming1931 هوالرائد في مجال إرساء مبادئ إدارة الجودة الشاملة فإن من المناسب التعريف بمبادئه الأربعة عشر وهي:

1- وضع ونشر أهداف المنظمة.

Create and publish the aims of the organization

2- تبني الفلسفة الجديدة

Adopt the new philosophy

3- عدم الاعتماد على الفحص الكلي فقط.

Cease dependence on mass inspection

4-الاهتمام بجودة السلعة وليس بالسعر الأقل.

Don't purchase on the basis of price alone -3

5- تحسين نظام الانتاج والخدمة باستمرار.

.Constantly improve the system of production and service

6- الاهتمام بالتدريب والتطوير.

Institute quality improvement training

7- ايجاد القيادة الفعالة.

Institute effective leadership

8- القضاء على الخوف Drive out fear

9- تفعيل فرص العمل.

Optimize the efforts of teams

10- تجنب الشعارات الرنانة.

.Eliminate slogans and exhortations for the work force

11 -عدم تحديد أهداف رقمية للعاملين. Eliminate numerical quota

12- تكريس اعتزاز العاملين بالعمل.

Remove barriers to pride of workmanship

13- التأكيد على أهمية التعلم والتطوير الذاتي.

.f improvement for everyonesel de education an Institut

14- المبادرة لدفع عملية التمويل.

.Take action to accomplish the trans formation

ومما تجدر الاشارة اليه هنا هو أن مبادئ ديمنغ Deming قد تعرضت للتعديل كما تمت إضافة مبادئ أخرى اليها على يد المختصين والمفكرين الآخرين مثل جوران Juran ، وكروسبي Crospy و ايشيكاوا Ishikawa وغيرهم، ولعل هذا واضح تماماً من خلال مقارنة المبادئ العامة التي أشرنا اليها آنفاً بين مبادئ ديمنغ Deming الأربعة عشر.

متطلبات نجاح تطبيق إدارة الجودة الشاملة:-

لقد ذكر هيجان 1996 عدداً من التوصيات الضرورية لنجاح تطبيق إدارة الجودة الشاملة أهمها:

4- 1- تقييم الوضع الراهن للمنظمة بخصوص تطبيق إدارة الجودة الشاملة.

2- ضرورة معرفة الأسباب والمشكلات من خلال الدراسات التحليلية للمنظمة التي تدفعها إلى تطبيق إدارة الجودة الشاملة.

3- وضع برامج تدريبية للمستويات الإدارية كافة بهدف تنمية مهارات العاملين حول مفهوم إدارة الجودة.

4- ضرورة توفير ما يُعرف " بدليل الجودة".

5- توفير قاعدة معلوماتية وبيانات ضرورية.

6- تطبيق أنظمة حوافز مادية ومعنوية جيدة.

معوقات تطبيق إدارة الجودة الشاملة :

إن هناك عدة معوقات قد تقف في وجه تطبيق إدارة الجودة الشاملة ويمكن تلخيص هذه المعوقات كما يلي:

1- عدم دعم الإدارة العليا   Top management   لتطبيق إدارة الجودة الشاملة.

2- عدم توفر الكفايات البشرية الضرورية لتطبيق إدارة الجودة الشاملة.

3- مقاومة التغيير من قبل بعض العاملين بسبب الخوف مما يمكن أن يترتب على التغيير.

4- عدم توفر نظام فعال للاتصال.

5- التركيز على بعض جزئيات النظام وليس على النظام ككل عند تطبيق إدارة الجودة الشاملة.

6- عدم الإلمام بالأساليب الكمية لضبط الجودة.

7- توقع نتائج سريعة عند التطبيق.

8- عدم مناسبة الإطار الثقافي المجتمعي لمفهوم إدارة الجودة الشاملة.

إدارة الجودة الشاملة في السياق التربوي:

من المعروف أن إدارة الجودة الشاملة طبقت أولاً في ميدان الصناعة والشركات التجارية، ولذا فإننا نجد كثيراً من المصطلحات المستعملة بل والمفاهيم كذلك تناسب بيئة الصناعة والتجارة والأعمال أكثر مما تناسب الميدان التربوي بتركيزه على تنمية شخصية الانسان بجوانبها المختلفة، والواقع أن ثمة تغييرات كثيرة حصلت وأدت الى زيادة الاهتمام بتحقيق الجودة في القطاع التربوي ولعل أهمها:

1 التغييرات الاقتصادية وبداية شيوع الاقتصاد المعرفي.

2 الانجاز المعرفي والعملي والتكنولوجي.

3 التوسع في التعليم بسبب الاقبال الهائل عليه، وقد نظر البعض الى الجودة الشاملة في مجال التعليم على أنها " مجموعة من المعايير والخصائص الواجب في جميع عناصر العملية التعليمية في المؤسسة التربوية، وذلك فيما يتعلق منها بالمدخلات والعمليات والمخرجات التي من شأنها تحقيق الأهداف المطلوبة للفرد والمؤسسة والمجتمع المحلي وفقاً للامكانات المادية والبشرية".

وقد عرف رودس Rhodes,1992 إدارة الجودة الشاملة في التربية على أنها "عملية إدارية استراتيجية إدارية ترتكز على مجموعة من القيم وتستمد طاقة حركتها من المعلومات التي تتمكن في إطارها من توظيف مواهب العاملين، واستثمار قدراتهم الفكرية في مستويات التنظيم المختلفة على نحو إبداعي لتحقيق التحسين المستمر في التربية وقد رأى جلاس Glass,1992 أن هناك جملة مرتكزات لتكريس الجودة في الميدان التربوي، ومن أهمها:

1- الوعي بان التربية عمليةت تتسم بالاستمرارية، حيث إنها ممتدة بامتداد الحياة Long life education

2- ضرورة تبني أسلوب الإدارة الديمقراطية القائمة على المشاركة لإنجاح تطبيق إدارة الجودة الشاملة.

3- تدعيم التفاهم بين العاملين ليعملوا كفريق واحد.

وقد أشار الباحثون والمختصون الى عدة خطوات لا بد من اتخاذها عند بدء تطبيق إدارة الجودة الشاملة في المؤسسة التربوية وأهمها:

1- التمهيد : بمعنى تهيئة العاملين لتقبل مفهوم الجودة الشاملة.

2- التنفيذ : بمعنى تحديد المهام والسمؤوليات، وتعظيم القدرات والمهارات اللازمة للتنفيذ.

3- التقويم: بمعنى التقويم الاثنائي المصاحب لعملية التطبيق بكل مراحلها، والتقويم الختامي الذي يرمي الى تقويم العمل ككل عن انتهائه والحصول على تغذية راجعة تفيد عند البدء من جديد.

وعلى المستوى التنفيذي الاجرائي فإن أية مؤسسة تربوية تريد تبني إدارة الجودة الشاملة لا بد لهامن القيام بما يلي:

1- تشكيل مجلس للجودة وهوالمستوى العلمي لاتخاذ القرارات.

2- فريق تصميم الجودة وتنميتها، وهذا الفريق هو الذي يضع استراتيجية تطوير نظام إدارة الجودة.

3- تشكيل لجنة لقياس الجودة وتقويمها.

ومن الجدير بالذكر أن هناك عدة مداخل لإدارة الجودة في التعليم يمكن تلخيصها على النحو التالي:

1- المدخل الكلي الشامل، وهو الذي يشير الى المؤسسة التعليمية كوحدة متكاملة.

2- مدخل التغيير الفكري والسلوكي، وهوالذي يحقق تغييراً فكرياً وسلوكياً في الأفراد.

3- المدخل الفلسفي، وهو الذي يتطلب من الإدارة تبين مبدأ منع الأخطاء والتخلي عن مبدأ التفتيش وكشف الخطأ.

4- مدخل الرقابة الذاتية، وهي تقوم على أن الجودة تنبع من الفرد ولا تُفرض عليه.

5- مدخل العمل الجماعي، وهو الذي يؤمن بعمل الفريق ويمارسه.

6- مدخل المشاركة، وهوالذي يعتمد على تفهم ومشاركة كل فرد في المؤسسة التعليمية.

7- المدخل التخطيطي، وهو يعتمد على تخطيط كل نشاط في المؤسسة التعليمية وتنظيمه وتحليله.

8- المدخل التنافسي، وهوالذي يرمي الى زيادة القدرة التنافسية للمؤسسة التربوية.

وبغض النظر عن المداخل السابقة فإن هناك عدداً من العناصر لا بد من تفحص جودتها عند الحديث عن الجودة الشاملة من الزاوية التربوية وأهم هذه العناصر:

1- المعلم.

2- الطالب.

3- البرنامج الدراسي.

4- المبنى التعليمي.

5- الادارة التعليمية.

6- الكتاب الدراسي.

7- الانفاق على التعليم.

8- تقييم الأداء التعليمي.

وغني عن القول أننا كي نضمن جودة العناصر السابقةلا بد لنا من قائد تربوي ملتزم بإدارة الجودة الشاملة، ومن عاملين مدربين ومشاركين، ومناخ تنظيمي حافز وايجابي، ونظام اتصال فعال، وتطبيق رشيد لمفهوم المساءلة، فضلاً عن الإلمام بطموحات المستفيدين من القطاع التربوي.والايمان بأن العمل التربوي أصبح عملية تنموية لشخصية الانسان بجميع جوانبها، ومن الجدير بالذكر أن دراسة صدرت عام 1992 عن مؤسسة أرشرد . ليتل أرجعت حالات فشل إدارة الجودة الشاملة إلى ثلاثة عوامل هي: سرعة التنفيذ، والتدريب غير المناسب للعاملين، وقلة التزام الإدارةالعليا.

وفي مجال التعليم العالي بالذات ، قام كل من بوق وهول Bogue&Hall بتقديم أنموذج للجودة قائم على أربعة عناصر هي: القبول، نهاية السنة الأولى، التخرج، وما بعد التخرج، بحث يتم بناءً على الأول التأكد من الاستعداد للدراسة في الكلية، ويتم بناءً على الثاني التأكد من المهارة والمعرفة ، ويتم بناءً على الثالث استيعاب المفاهيم في مجال التخصص، ويتم بناءً على الرابع التأكد من رضا جمعيات الخريجين عن برامج وخدمات المحيط الجامعي.

وختاماً فإنّ الميدان التربوي أصبح يواجه الآن ظروفاً ومتغيرات عديدة تفرض عليه أن يعنى بموضوع الجودة quality ، وأن يطبق الفلسفة الإدارية التي يُفترض أن تحقق هذه الجودة وهي "إدارة الجودة الشاملة" Total quality management ، ولكن هل معنى ذلك أنّ مسألة تبني الميدان التربوي لهذه الفلسفة مسألة روتينية وبسيطة؟ بالطبع لا، وذلك لأسباب كثيرة قد يكون منها كما أسلفنا عدم تحمس الإدارة العليا لتطبيق هذه الفلسفة، وقد يكون منها صعوبة قياس الجودة ذاتها في الإطار التربوي وقد يكون منها مقاومة بعض العاملين في الميدان التربوي بسبب خوفهم على مصالحهم، وقد يكون منها عدم مناسبة الإطار الثقافي المجتمعي لمفهوم وآليات تطبيق إدارة الجودة الشاملة.

والواقع هو أن تطبيق إدارة الجودة الشاملة أصبح ضرورة للمؤسسات التربوية العربية لكي تستطيع مواجهة ظروف العولمة، ولكي تستطيع أن تتعايش مع أجواء التنافسية Competitive advantage التي تجتاح عالم اليوم.

ولعلَّ مما يجب المباشرة به لتحقيق هذا الهدف هو الاعتناء بهذا الموضوع الجودة وإدارتها على المستوى الثقافي بمعنى نشر الوعي به على مستوى المجتمع ومؤسساته المختلفة وفيما يتعلق بالميدان

التربوي بالذات فلا بدّ من إدخاله كمفرده أساسية من مفردات التدريس التربوي: للمعلمين، وللمديرين، وللمشرفين التربويين وللإداريين التربويين على مختلف مسؤولياتهم ومواقعهم.

ولعلّي أضيف هنا بأن الاستنارة بتجارب الأمم الأخرى في الميدان ليست مأخذاً، بل على العكس قد تكون ميزة إذا أحسنا الإفادة منها، وبخاصة أن بعض الدول بدأت الاهتمام بالجودة وتطبيقاتها وإدارتها منذ ما يزيد على نصف قرن، الأمر الذي خلق لديها خبرة ثرية متراكمة في هذا المجال.

المراجع العربية:

- جودة ، محفوظ. 2004 إدارة الجودة الشاملة: مفاهيم وتطبيقات، ط1، دار وائل للنشر، عمان.

- عماد الدين، منى. 2004 ، آفاق تطوير الإدارة والقيادة التربوية في البلاد العربية، مركز الكتاب الأكاديمي، عمان.

- صيداني، يوسف 2001 ، إدارة الجودة الشاملة في التعليم العالي، الحلقة الخامسة من الإدارة التربوية في البلدان العربية، تحرير عدنان الأمين، بيروت.

- كفوري، كارول 2001 ، إدارة الجودة الشاملة وتدريب المعلمين، الحلقة الخامسة من الادارة التربوية في البلدان العربية، تحرير عدنان الأمين، بيروت.

- زعبلاوي- ومجدلاوية، والنتريسي. ب.ت إدارة الجودة الشاملة والتعليم العالي، ورقة عمل غير منشورة، الجامعة الأردنية، عمان.

- سمير، محمد. 1999 ، جودة المنتج بين إدارة الجودة الشاملة والأيزو 9000 : رؤية اقتصادية فنية / أدارية، ط1، مكتبة الاشعاع الفنية، الاسكندرية.

- يس، ابراهيم. ب.ت ، المعجم الوسيط، ج1 والثاني، ط2، مجمع اللغة العربية، القاهرة.

- عليمات، صالح. 2002 ، إدارة الجودة الشاملة في المؤسسات التربوية- التطبيق ومقترحات التطوير، ط1، إربد.

- سلطان، تركي. 1996 ، هندسة التغيير الجذري لقمة الإدارة المنهجية والتطبيق، القاهرة.

- بدح، أحمد. 2003 ، نموذج مقترح للتطوير الإداري وإمكانية تطبيقه في الجامعات الأردنية العامة، رسالة دكتوراة غير منشورة، جامعة عمان العربية لدراسات العليا، عمان.

- زين الدين، فريد. 1996 ، إدارة الجودة الشاملة في المؤسسات العربية، القاهرة.

- جودة، محفوظ. 2003 ، تحديد احتياجات التدريب وأثره في إدارة الجودة الشاملة، أطروحة دكتوراة غير منشورة، جامعة الجزائر، الجزائر.

- أبو نبعة، عبد العزيز، ومحمد، فوزية. 1998 . إدارة الجودة الشاملة: المفاهيم والتطبيقات. الإداري 20 74 .

- درباس، أحمد. 1994 . إدارة الجودة الكلية وإمكانية الإفادة منها في القطاع التعليمي السعودي، رسالة الخليج العربي، مكتب التربية العربي لدول الخليج، الرياض ع50، السنة 14 .

- عشيبة، فتحي. 2000 . الجودة الشاملة، امكانية تطبيقها في لتعليم الجامعي المصري، دراسة تحليلية، مجلة اتحاد الجامعات العربية، الأمانة العامة لاتحاد الجامعات العربية، عمان.

- عبد الخالق، فؤاد، 1998 تطوير أساليب مراقبة الجودة في العملية التعليمية بمرحلة التعليم قبل الجامعي، مرحلة التعليم الأساسي، المركز القومي للبحوث التربوية والتنمية القاهرة.

- اللوزي، موسى. 2003 ، التطوير التنظيمي: أساسيات ومفاهيم حديثة، ط2، وائل للطباعة والنشر، عمان.

- القحطاني ، سالم. 1993 ، إدارة الجودة الكلية وإمكانية تطبيقها في القطاع الحكومي، مجلة التنمية الإدارية، العدد 78 .

- هيجان، عبد الرحمن. 1996 . متطلبات نجاح تطبيق إدارة الجودة الشاملة، سلسلة الإدارة التطبيقية، العدد 8 .

- J.M. Juran. 8.F.M Garyna 1993K quality planning and analysis, Singapore: Mc Graw Hill.

-P.B. CrSignet :The art of making quality certain New York :Quality is free ,1992 .osby .Books

fundamentals an ,Quality management system ,2000 ,9000Iso   -d.laryvocabu

:California ,modern statistical quality control and improvement 1994 ,Farnum .R.N - Duxbury press.

- Robertson. 1971, quality reliability, London.

- Freed,J.e., & klugman, M.. 1997. Quality Principles and practices in higher education, phoenix, AZ, USAO :ryx press.

- W.E. Deming 1993 the new economics for industry. Education government, Published by MIT center for advanced engineering study .

-Martinich,S, .1997. Production and operation management:an applied modern approach, John wiley sours Inc, New York .

-Glassew,w.1992. The quality school Harper Perennial. New York.

-Arcarois . 1995. Quality in Education: An hanel implmentation   hael book, Florida .

-Griffen. 1996. Management, 6th ed, Boston: Hougton Mifflin Press.

-Russell, Robertas. & Taylor III.2003Operations management. 4 edition, Prentice Hall, New Jersey .

إدارة الصراع

Conflict management

مقدمة:

لعل من المتفق عليه أن الإداري التربوي - وبغض النظر عن الموقع الإداري الذي يشغله- يضطلع بمسؤوليات كبيرة تتمثل أساساً في توظيف الطاقات البشرية والمادية المتوافرة لديه من أجل تحقيق الأهداف التربوية المرسومة، ولا شك أن الإداري التربوي يواجه إشكالات كثيرة في سياق إدارته الآنفة الذكر، ولعل من أصعب هذه الإشكالات التعامل مع الصراع الذي قد ينشا في المؤسسة لأسباب متعددة، ومن المؤكد أن وعي الإداري التربوي وفهمه لظاهرة الصراع من حيث أسبابها ومستواها وآليات التعامل معها يعتبر عاملاً حاسماً في تحقيق المؤسسة التربوية لأهدافها بل وعاملاً حاسماً في ارتقائها وتطورها.

والواقع أن إدارة الصراع أصبحت أحد المهام الرئيسية للإداري التربوي العصري حيث أشارت دراسة قامت بها جمعية الإدارة الأمريكية إلى أن المديرين يقضون ما يقارب 24% من وقتهم في معالجة الصراعات التي تنشأ في مؤسساتهم، الأمر الذي جعل إدارة الصراع أمراً ملحاً في السنوات الأخيرة.

وبالنظر لكل ما سبق فلا عجب ان نجد علماء من تخصصات مختلفة قد تصدوا لدراسة الصراع كعلماء الإدارة، وعلماء النفس، وعلماء الاجتماع، وعلماء السلوك التنظيمي حيث ألقى كل فريق منهم الضوء على هذا الموضوع مستفيداً من زاوية تخصصه ومنهجيته، وفيما يتعلق بعلم الإدارة بالذات فإننا لا نكاد نجد كتاباً حديثاً يخلو من فصل أو أكثر عن الصراع، الأمر الذي يدل على حساسية هذا الموضوع وأهمية الإلمام بجوانبه المختلفة بالنسبة لدارسي الإدارة، وبالنسبة لممارسيها على حد سواء.

مفهوم الصراع:

إن فكرة الصراع ليست بعيدة عن فكرة الحياة ذاتها، فالحياة لا تعرف السكون والركود وإنما هي متغيرة متجددة دوماً، وإن مما لا شك فيه أن عملية التجديد والتغيير هذه قد تنطوي على صراع

أحياناً، ولعل هذا هو الذي جعل الفيلسوف الألماني هيجل يؤمن بأن التناقضات مسببات الصراع عادة تشكل قانون التغيير الإجتماعي التاريخي حيث ان لكل فكرة فكره مناقضة والصراع بين هذه الأفكار يؤدي إلى ظهور فكرة جديدة، وهذا بالضبط ما يولّد التغيير.

الصراع في اللغة هو النزاع والخصام أو الخلاف والشقاق أما في الاصطلاح فقد عرفه العلماء والباحثون تعريفات عدة فقد عرفه "روبينز" Robbins على أنه عملية تتضمن بذل جهد مقصود من قبل شخص ما لطمس جهود شخص آخر باللجوء إلى شكل من العوائق، ينجم عنها إحباط الشخص الآخر وتثبيطه عن تحصيل أهدافه وعن تعزيز ميوله" ورأي "بوريسوف وفيكتور" Borisoff&victor أن الصراع هو " اختلافات تحدث بين الأفراد وقيمهم وتعتمد على طبيعتها كالصراع الذي يدور حول الأهداف والقيم والدوافع والأفكار والموارد وأن الصراع كعملية ينشأ عندما يدرك شخص ما بأن طرفاً آخر يربك أو سيقوم بإرباك هدف يخصه" أما رحيم فقد نظر الى الصراع على أنه" حالة تفاعلية يظهر في عدم الاتفاق والاختلاف أو عدم الانسجام داخل الأفراد والجماعات أو فيما بينهما".

وواضح من استعراض التعريفات السابقة أن الصراع هو شكل من أشكال الاختلاف أو التناقض أو التنافس بين الأفراد او الجماعات يبدأ بشعور طرف بأن طرفاً آخر يحاول أن يعيق تحقيق أهدافه لسبب أو لآخر الأمر الذي يقوده الى اتخاذ موقف إزاء ذلك، ولعلنا نضيف بأن الصراع لا بد أن ينطوي على:

1- طرفين أو أكثر.

2- صدام حول أمور رئيسه تتعلق بالأهداف، أو القيم، أو الوسائل الجوهرية.

3 - سلوك عملي مؤثر على تحقيق الأهداف.

فقد أشار العميان 2004 إلى عدة خصائص للصراع أهمها:

1- وجود أهداف أولية غير متكافئة لدى أطراف الصراع.

2 -وجود التوتر كبعد أساسي، وهو ما يؤدي إلى حدوث نشاطات عدائية من قبل الأطراف المختلفة ضد بعضها في مرحلة معينة.

3- يمثل الصراع وضعاً مؤقتاً رغم إمكانية وجود بعض الصراعات المزمنة.

4- محاولة بعض الأطراف إجبار الأطراف الأخرى على قبول ما ترغب فيه.

5- فرض أعباء كبيرة على بعض أطراف الصراع، وهو ما يؤدي حكماً إلى حسم الصراع إما بالطرق السلمية أو بالطرق القسرية.

نظريات الصراع:

لقد تصدت نظريات كثيرة لتفسير الصراع، ويمكن أن نشير في هذا السياق إلى ثلاث نظريات رئيسة:

1- النظرية التقليدية: التي رأت أن الصراع ظاهرة سلبية وأن الإداري الناجح هو ذلك الذي لا يعترف بالصراع بل يحاول استئصاله من المؤسسة التي يديرها وبأي أسلب ممكن، ومن الواضح أن أصحاب هذه النظرية رأوا أن الصراع يلحق الضرر بالمؤسسة، وبالتالي لا بد من التعامل معه على هذا الأساس، وأهم فرضيات هذه النظرية.

أ- الصراع حالة يمكن تجنبها.

ب- يحدث الصراع عادة بواسطة أشخاص محددين محدثو الإضطرابات .

جـ- يجب أن تلعب السلطة دوراً فعالاً لمنع حدوث الصراع.

د- إذا حدث الصراع فعلى الإدارة أن تتجاهله.

ويمكن ربط هذه النظرية بجهود أقطاب المدرسة الكلاسيكية كتايلور وفايول اللذين نظرا إلى الصراع كظاهرة سلبية، ونادا بضرورة تجنبه لتحقيق الانسجام من خلال القوانين، والأنظمة والإجراءات.

2- النظريات السلوكية: التي رأت أن الصراع حتمي وأنه ليس سلبياً كله بل يمكن ملاحظة بعض الجوانب الإيجابية فيه، فمع أن السلوكيين يعترفون بأن الصراع ينعكس سلباً على المؤسسة فيوتر علاقات أفرادها، ويربك برامجها أحياناً إلا أن الإداري الناجح هو الذي يستطيع استكشاف الصراع وحصره ضمن الحدود المعقولة والإفادة منه في تفعيل المؤسسة.

ويمكن ربط هذه النظرية بحركة العلاقات الإنسانية التي ركزت على النظام الاجتماعي لتحقيق الانسجام، حيث قالت بأنّ خلق علاقات اجتماعية جيدة يقود إلى أفراد يشعرون بالسعادة الأمر الذي يؤدي إلى الانسجام والفاعلية.

3- النظرية التفاعلية: التي رأت أن الصراع ظاهرة ايجابية وعلى الإداري أن يخلقها إن لم توجد حيث أن وجود الصراع من وجهة نظر أنصار هذه النظرية يؤدي الى بعث الحيوية في المؤسسة، وتفعيل عملها، وبالتالي تمكينها من تحقيق أهدافها بأفضل صورة ممكنة، وتقوم هذه النظرية على الفرضيات التالية:

1- الصراع حالة يمكن تجنبها.

2- الصراع انعكاس طبيعي للتجديد.

3- إدارة الصراع ممكنة.

4- الصراع في حده الأدنى أمر عادي بل ضروري.

ويمكن ربط هذه النظريات بالنظرية الحديثة كنظرية النظم والتي رأت بأن الصراع ضروري حيث إنه يخلق الإحباط الأمر الذي يتطلب عملاً، وهو ما يمكن أن يتمخض عن حيوية وتجديد في المنظمة.

ولعل من الواضح هنا أن المدير الفعّال هو ذلك الذي يؤمن بالنظرية التفاعلية التي تنظر الى الصراع نظرة بناءة تفيد من الصراع وتوظفه للارتقاء بالمؤسسة وتحقيق أهدافها.

أنماط الصراع:

1- الصراع الذاتي Intera Personal Conflict وهوالصراع الذي يحدث داخل الفرد بسبب احباط يلحق به، أو بسبب تعارض أهدافه وأدواره، أوبسبب مشكلات تواجهه في العمل.

2- الصراع المنظمي أو المؤسسي Intera organizational Conflictl ويشتمل هذا النمط على عدة مستويات من الصراع: صراع الأفراد كذلك الذي يمكن أن يحدث بين المعلم وزميله في المدرسة مثلاً، وصراع بين الجماعات كذلك الذي يمكن أن يحدث بين جماعة مؤيدة وأخرى معارضة لمدير مدرسة ما كل لأسباب تخصها، وصراع ثالث يمكن أن يحدث بين الأقسام والوحدات الإدارية كذلك الذي يمكن أن يحدث بين قسم التخطيط، وقسم التعليم العام في مديرية التربية والتعليم مثلاً.

3- الصراع بين المؤسسات Interorganizational Conflict وهو الذي يدور بين مؤسسات متشابهه الأهداف إجمالاً ولكنها تتزود من ذات المصادر والجامعات والأندية مثلاً.

ومن الجدير بالذكر أن موضوع البحث هنا هو النوع الثاني من الصراع أو الصراع المنظمي حيث يتصدى الإداري التربوي لمعالجة الصراع والتعامل معه سواء كان هذا الصراع بين المرؤوسين أو بين الأقسام والوحدات المختلفة في إطار المؤسسة التي تتميز بطابعها التنظيمي، ومناخها المؤسسي، ونمط قيادتها، ويوضح الشكل التالي مستويات الصراع في المنظمة حسب وجهة نظر "هودج وأنتوني" Hodge Anthony, 1991 .

Hodge&Anthony, 1991

المستوى	التعريف	أمثلة
الشخصي	يحدث الصراع في داخل الشخص نتيجة الضغوط المتعلقة بالدور	حين يُطلب من الشخص القيام بدور يتعارض مع أهدافه وقيمه.
ما بين الأشخاص	يحدث الصراع بين عضوين أو أعضاء في المنظمات المختلفة وعلى مستويات مختلفة	إثنان أو أكثر يختلفون على أهداف أو قيم أو واجبات مختلفة.
داخل المجموعة	يحدث الصراع بين أعضاء المجموعة أو بين اثنين أو أكثر من المجموعات الصغيرة داخل المجموعة	الأفراد في المجموعة يختلفون على التوقعات المتباينة للدور أو على قضايا تواجه المجموعة.
بين المجموعات	يحدث الصراع بين وحدتين أو مجموعتين في المنظمة	الوحدات التنظيمية المختلفة تنشئ الصراع على قضايا مثل: اعتمادية الواجبات، ووظائف المسؤولية، والتنافس على الموارد والمراكز

(Hodge& Anthony, 1991)

وقد أشار اللوزي 2003 إلى أن الصراع المنظمي يمكن أن يأخذ أحد الأشكال التالية:

1- الصراع الأفقي Vertical conflict ويحدث عادة بين العاملين أو الدوائر من المستوى التنظيمي نفسه.

2- الصراع العمودي Horizontal conflict ويحدث عادة بين المشرف وتابعيه في العمل حين لا يتفقون على الطريقة المناسبة لتحقيق الأهداف.

3- صراع الدور Role conflict ويحدث عادة نتيجة تأدية الشخص أدواراً متعددة في مجال عمله.

4- الصراع بين المنظمات: ويحدث عادة في حالة تسبب إحدى المنظمات بصعوبات لمنظمة أخرى.

مراحل الصراع:

1- مرحلة الصراع الكامن أو الضمني Latent Conflict حيث تكون هناك عوامل لها إمكانية خلق الصراع كالتباين في الأهداف، والتنافس على الموارد، والاختلاف في الخلفيات الفكرية.

2- مرحلة الصراع المدرك Perceived Conflict حيث تبدأ الأطراف المختلفة بإدراك أن ثمة أسباباً للصراع، وأن هناك خلافات وتعارضات لا يمكن حجبها.

3- مرحلة الصراع المحسوس Felt Conflict وفي هذه المرحلة لا تقتصر المسألة على إدراك الصراع من قبل الأطراف المتصارعة، بل تبدأ هذه الأطراف بالشعور بالقلق والتوتر والتوعية والرغبة في عمل شيء ضد الخصم.

4- مرحلة الصراع العلني Manifest Conflict وهنا تلجأ الأطراف المتصارعة الى سلوكات صراعية تهدف الى إحباط الخصم والحؤول دون تحقيق أهدافه، وتأخذ هذه السلوكات أشكالاً عدة مثل عدم التعاون، ومحاولة التخريب، وقد تصل إلى حد الإعتداء الجسدي.

5- مرحلة مخرجات الصراع Conflict Aftermath وفي هذه المرحلة تتبلور تبعات الصراع، وتعتمد هذه التبعات في العادة على الأسلوب الذي تمت به إدارة الصراع فإذا تمت إدارته بعقلانية وبأسلوب سليم فإن أداء المؤسسة يتحسن، وتسود العلاقات التعاونية، أما إذا تم تجاهل الصراع أو قمعه فإنه قد يتفاقم أويهدأ ليعود مرة أخرى، ويوضح الشكل التالي مراحل الصراع.

وبرغم أن هذه المراحل يمكن تمييزها عن بعضها ، فإنه لا بد من الإشارة إلى أن هذه المراحل قد تتداخل أحياناً كما قد تتفاوت في الوقت الذي تستغرقه.

أسباب الصراع:

إن أسباباً عديدة قد تقف وراء الصراع بأنماطه التي تحدثنا عنها، ولكن فيما يتعلق بالصراع المؤسسي يمكن أن نشير إلى عدة أسباب:

1- تعدد الأقسام والوحدات الإدارية في المؤسسة.

2- أسلوب اتخاذ القرار، ودرجة المشاركة في صنعه.

3- عدم تحديد الأدوار Roles ، وعدم وجود وصف للعمل Job/description

4- تفاوت المعايير المعتمدة لتقييم الأداء.

5- محدودية الموارد والتنافس عليها.

6- عدم توفر نظام فعال للاتصال.

7- تفاوت إدراكات الأفراد في المؤسسة.

8- ضغوط البيئة الخارجية.

9- اختلاف الخلفية الثقافية.

وقد بينت دراسة القحطاني 2001 أن هناك عشرة عوامل تؤدي إلى نشوب الصراع أهمها:-

1- الرغبة في الإستئثار بالسلطة.

2- اختلاف القيم والأعراف.

3- صعوبة الحصول على المعلومات.

4- تدني مستوى الرضا.

5- عدم توازن الموارد البشرية والمادية.

وفي السياق ذاته أشار جواد 2000 إلى هذه العوامل على النحو التالي:-

1- العامل النفسي أو الذاتي اختلاف الرغبات والتطلعات والميول .

2- عامل السلطة : مركزه السلطة، وعدم إشراك ذوي العلاقة.

3- عامل المصلحة: أي تقديم المصلحة الخاصة على المصلحة العامة.

4- العامل الثقافي : بمعنى تباين المستويات التعليمية والثقافية للعاملين.

5- العامل البيئي : بسبب ما يتمخض عن طبيعة الهيكل من توزيع للسلطة، وإمكانات المشاركة،وتعدد المستويات الإدارية.

ولعل من الواضح أن هذه الأسباب قد لا تجتمع معاً لتسبب الصراع، بل إن سبباً واحداً معيناً قد يكون هو صاحب الأثر كأسلوب اتخاذ القرار في المؤسسة مثلاً.

آليات التعامل مع الصراع:

إن مما لا شك فيه أن تعامل الإداري مع الصراع يعتمد على نظرته إلى الصراع، فإذا كان من اتباع المدرسة التقليدية فإنه سيحاول اجتثاث الصراع والقضاء عليه، وإذا كان من أتباع المدرسة السلوكية فإنه سوف يحاول التعرف عليه ومعالجته بالطرق التي يراها مناسبة، أما إذا كان من اتباع النظرية التفاعلية فإنه سوف يحاول البناء على ايجابيات الصراع واستثمارها لصالح المؤسسة بل إنه يحاول بعث الصراع إن لم يجده، وذلك لتفعيل عمل المؤسسة وإضفاء الحيوية والتجدد على أنشطتها.

إدارة الصراع:

لقد رصد الباحثون استراتيجيات عديدة للتعامل مع الصراع ولعل أهمها:

انظر نماذج:بليك وموتون، توماس وكيلمان، رحيم، مارش وسيمون، فوليت بوريسوف وفكتور، روبنز، براون، وربل وتوماس

1- استراتيجية التجنب Avoidance وتعني هذه الاستراتيجية ببساطة التغاضي عن الصراع ويمكن أن يكون ذلك عن طريق:

أ- الإهمال: أي تجاهل الموقف على أمل أن يتغير من تلقاء نفسه، وبالطبع فإن هناك احتمالاً لأن تزداد الأمور سوءاً.

ب- الفصل الجسدي بين الأطراف ذات العلاقة: وذلك للحد من التفاعل بين أطراف الصراع على أن هذا قد ينعكس سلباً على المؤسسة التي تعتمد بطبيعة الحال على تفاعل بعض هذه الأطراف الآنفة الذكر.

جـ- التفاعل المحدود: أي إتاحة الفرصة لتفاعل أطراف الصراع تفاعلاً محدوداً أو مضبوطاً ضمن ظروف مدروسة وبرنامج صارم.

2- استراتيجية التهدئة: وتقوم هذه الاستراتيجية على " تمويت" الموضوع لفترة معقولة ريثما تهدأ العواطف المتأججة وتصبح هناك امكانية لبحث عقلاني في مسببات الصراع والتعامل معها، وهناك أسلوبان في إطار هذه الإستراتيجية:

أ- التخفيف: أي التقليل من شأن التعارضات التي قد تتعلق بالأهداف أو بالوسائل أملاً في أن تكتشف الأطراف ذات العلاقة بأن هناك أرضية مشتركة لا بأس بها فيما بينها.

ب- التوفيق: أي محاولة الوصول الى حلول وسط بحيث يشعر كل طرف بأنه لم يخسر خسارة كاملة وبأن نده لم يربح ربحاً كاملاً، ومن الواضح أن هذا الأسلوب يفترض أن أطراف

الصراع متعادلة نوعاً ما، أما إذا كان أحدهما أقوى من الآخر بما لا يقاس فإنه يميل إلى أن يفرض الحل الذي يرتئيه وبالتالي لا يقبل بالحلول الوسط.

3 استخدام القوة Power وهذه الاستراتيجية تعني ببساطة استخدام السلطة لفرض نوع من الحلول على الأطراف المتصارعة.

4 استراتيجية المواجهة: Confrontation ويتم في إطار هذه الاستراتيجية تحديد أسباب الصراع ومصادره وصولاً إلى المصالح المشتركة بين الأطراف المتصارعة، وفي سياق هذه الاستراتيجية يمكن استخدام الأساليب التالية:

أ- تبادل وجهات النظر: لتكريس الفهم المتبادل بين الأطراف المتصارعة.

ب- التركيز على الأهداف الاستراتيجية: وذلك لتغليب هذه الأهداف الآنية، ومصالح الأفراد، ويفترض هذا الأسلوب، وجود اعتماد متبادل بين الأطراف المتصارعة، كما يفترض أن تكون الأهداف الاستراتيجية ذات قيمة كبيرة فضلاً عن أن إنجازها يقود إلى نوع من المكافأة.

وقد أشارت الأدبيات بشكل عام إلى عدة طرق لإدارة الصراع أهمها:-

1- تعظيم الموارد: Expanding resources

2- وجود نظام للمراجعة والتظلم Appeals system

3- تغيير أنماط التفاعل tion patternsChanging interac

4- تغيير نظام المكافآت Modifying reward systems

5- التوحيد بين الوحدات والأقسام... Mergers

6- توضيح الدور Role clarification

7- استشارة طرف ثالث Third party consultation

8- تحمل مسؤولية الصراع "Conflic "spong

وقد أشار الحمود 2002 إلى السبل التالية للتعامل مع الصراع:-

1- أسلوب الإقناع : إي إقناع المتصارعين بعدم جدوى الصراع.

2- أسلوب السلطة : أي ممارسة السلطة لفض الصراع.

3- أسلوب الوساطة: أي اللجوء إلى وسيط ثالث يمتلك قوة التأثير على أحد أطراف الصراع

4- أسلوب التفاوض أو الحوار: أي إجراء حوار بين الطرفين المتصارعين بقصد التوصل إلى حلول إيجابية.

وقد جعل رحيم Rahim, 2001 استراتيجيات إدارة الصراع الخمس هي:

التكامل، والإرضاء، والهيمنة، والتجنب، والتسوية.

Integrating, safistying, dominating, avoiding, compromising

وقد أشار ثوماس وكلمان Thomas&Kilmann إلى مخطط ببعدين لتحديد سلوك الفرد، وهذان البعدان هما:-

1- بعد التعاون Cooperativeness ويمتد من درجة غير متعاون إلى درجة متعاون، ويحدد هذا البعد الدرجة التي يصل إليها الفرد في إشباع حاجات الطرف الآخر.

2- بعد الحزم assertiveness ويمتد من درجة غير حازم إلى درجة حازم، ويحدد هذا البعد الدرجة التي يصل إليها الفرد في إشباع حاجاته، وينتج من توحيد هذين البعدين خمسة أساليب لإدارة الصراع كما هو موضح في الشكل التالي:

ولعل الإداري بحاجة إلى أن يعرف أن هناك بعض الاستراتيجيات التي تساعد على تجنب الصراع، وبعضها يساعد على إدارة الصراع، أما بعضها الثالث فيمكن أن يساعد على إثارة الصراع، ويمكن الإشارة بايجاز إلى هذه الاستراتيجيات: اللوزي، 2003

أ‌- منع الصراع: Preventing conflict وذلك من خلال:

- الفصل الهيكلي أوالتجميع:

- Structural separation or combination وتتم هذا بفعل الإدارات المتصارعة إذا لم يكن بينها عمل مشترك أو تجميعها إذا كان بينها روابط مشتركة.

ب‌- توفير المهام المستقرة والمستقلة:

Provide stable, Independent task على فرض أنه كلما كانت الواجبات محددة ومستقرة كلما كانت الصراعات حولها أقل.

جـ- زيادة الموارد Expand resources على أساس أن الصراع غالباً ما يدور بسبب محدودية الموارد، ويترتب على هذا أن زيادة الموارد تقلل من احتمالات الصراع.

المشاركة في حل المصاعب:

Joint problem solving وذلك على افتراض أن اشراك الإدارات المختلفة والأفراد وحسب مستوياتهم التنظيمية يقلل من احتمالية الصراع، وقد يكون ذلك من خلال الاجتماعات المتكررة التي تناقش القضايا وتعمل على خلق أرضية مشتركة.

جـ- إثارة الصراع ويمكن أن يتم ذلك من خلال طرائق عديدة منها:

- زيادة المنافسة بين الأفراد وجماعات العمل.

- إعادة تصميم الهيكلة التنظيمية وإعادة النظر في توصيف المهام والواجبات.

- توظيف أفراد من خلفيات مختلفة.

- تحرير بعض الرسائل الغامضة المتعلقة بالاستغناء عن بعض الموظفين غير الفعالين أو إلغاء بعض الوحدات.

- زيادة حالة عدم التأكد:للتخلص من الطرق النمطية في تنفيذ المهام.

ولعل من المفيد هنا الإشارة إلى بعض الآليات التي يمكن ان يستعين بها الإداري التربوي في إدارة الصراعات التنظيمية:

1- التأكيد على أولوية الأهداف العليا للمؤسسة: الأمر الذي يمكن أن يشعر الأطراف المتصارعة بأن أهدافهم الآنية والشخصية يجب ألا تعطى الأولوية على الأطراف الكبرى للمؤسسة.

2- تقليص الاعتمادية بين الوحدات الإدارية: وذلك للحد من أسباب الصدام فيما بينها بسبب اعتماد بعضها على البعض الآخر، ويمكن أن يتم ذلك من خلال ايجاد وحدات عازلة، أو توفير مخزون إضافي بحيث لاتظل بعض الوحدات رهينة لوحدات أخرى.

2- تقليص فرص التشارك في الموارد: ذلك أن الصراع يدور أحياناً كما هو معروف بسبب محدودية الموارد، أو بسبب التشارك في نفس الموارد ويترتب على ذلك أن الحد من الصراع يمكن أن يكون من خلال تكثير الموارد أو تقليص التشارك في نفس الموارد.

4- الاستئناف للسلطة الأعلى في المؤسسة: فإذا استحكم خلاف بين وحدتين وتعذر حله فإن من المناسب احالته إلى السلطة الأعلى لكي تبت فيه.

5- زيادة التفاعل بين الأفراد: حيث أن هذا التفاعل يؤدي إلى خلق أرضية وروابط مشتركة تكرس التفاهم وتقلل من فرص الصراع.

6- توحيد معايير التقييم وأسس المكافأة: الأمر الذي يخلق إحساساً بالعدالة في المؤسسة، ويقلل بالتالي من فرص الصراع.

7- دمج الوحدات المتصارعة: وذلك عن طريق جعلها تبحث عن قواسم مشتركة، أو من خلال توسيع اختصاصاتها الأمر الذي يفترض أن يزيل بؤر التوتر والاحتقان التي يمكن أن يؤدي الى الصراع.

8- توفير آليات ثابتة للتعامل مع الصراعات: ويمكن أن يتم ذلك من خلال ايجاد أقسام أو وحدات إدارية خاصة تقوم بالتنسيق بين الإدارات المختلفة في المؤسسة أوالتعامل مع الاشكالات التي تنشأ بشكل تدريجي ومستمر، وذلك من خلال اشتراك جميع المسؤولين والمعنيين.

9- توفير البيانات الضرورية عن مستوى الرضا الوظيفي: ويمكن أن يتم هذا من خلال إجراء المسوح والدراسات الأولية التي توفر بعض المؤشرات عن مستوى الرضا لدى العاملين في المؤسسة الأمر الذي يمكن الإداري من استقراء الواقع بدقة، والتنبؤ بما يمكن أن يحدث، والإعداد له بالشكل المنهجي السليم.

وقد أشار اللوزي نقلاً عن فيرث Firth,1991 إلى عدة موجهات يمكن للإداري الاسترشاد بها عند تعامله مع الصراع هي:-

1- الرؤية: يقنع بها المدير العاملين في المؤسسة.

2- الهدف: بحيث يكون واضحاً ومحدداً وواقعياً.

3- الاتصال: لكي يتمكن الجميع من التواصل بسهولة ويسر.

4- القيادة: لممارسة التأثير الإيجابي على العاملين.

5- التعليم: على أن يتم بشكل دائم تصقل مهارات العاملين وقدراتهم.

الآثار الإيجابية والسلبية للصراع:-

إن مما لا شك فيه أن هناك عدداً من الآثار الإيجابية للصراع سجلها العبابنة 1995 على النحو التالي:-

1- يولد الطاقة لدى الأفراد، ويبرز القدرات والاستعدادات الكامنة.

2- يتضمن الصراع عادة بحثاً عن حل المشكلات.

3- الصراع نوع من الاتصال، وحل الصراع يفتح طرقاً جديدة للاتصال.

4- يساعد على إشباع الحاجات النفسية للأفراد.

5- قد يؤدي الصراع إلى تشخيص المشكلات في المنظمة.

6- يمكن للصراع أن يكون خبرة تعليمية جديدة.

7- يساعد على الإنتاجية والنمو.

8- يمكن أن يكون أساساً للإبداع والابتكار والحفز.

أما الآثار السلبية فقد ذكرها عبد الباقي 2002 على النحو التالي: -

1- حدوث آثار ضارة بالصحة النفسية والجسمية للأفراد.

2- انخفاض مستوى الأداء بسبب الخلاف بين المدير والمعلمين.

3- انخفاض الروح المعنوية للعاملين.

4- إهدار الوقت والجهد والمال نتيجة محاولات إدارته وعلاجه.

5- انحراف المنظمة عن أهدافها الحقيقية.

6- تعويض العمل التعاوني.

ولكن ما العوامل التي تؤثر على طرق إدارة الصراع؟

لقد أشار الباحثون في معرض محاولاتهم للإجابة على هذا السؤال إلى ما يلي:-

1- الجنس   : حيث يُنشّأ الإنسان عادة لدور معين.

2- مفهوم الذات: حيث يؤثر مفهوم الإنسان عن ذاته على طرق إدارته للصراع.

3- التوقعات   : إذ هل نتوقع أن يقوم الطرف الآخر بحل الصراع؟

4- الموقف   : إذ أين يحدث الصراع؟ وهل نعرف الشخص الذي نحن في صراع معه، وهل الصراع شخصي أم مهني؟

5- المركز   : ما مستوى المركز والنفوذ هل هو مساوٍ أم أكبر أم أقل بالنسبة   للطرف الآخر في معادلة الصراع.

6- الممارسة: بمعنى أن الممارسة قد تقتضي القدرة على استخدام جميع الاستراتيجيات بفعالية، وتقرير أكثرها فعالية، وكذلك القدرة على تغيير الإستراتيجية عند الضرورة.

7- اختيار أفضل السبل: إذ إننا نستطيع ومن خلال الخبرة والحماية تطوير فهمنا لإدارة الصراع،وتحديد استراتيجياته.

8- مهارات الاتصال: حيث إن الذين يستطيعون التواصل بفعالية يديرون صراعاتهم بنجاح أكبر.

9 -الخبرة الحياتية: حيث إننا نستخدم الأساليب التي تعودنا عليها،إلا إذا قررنا كحكماء تغيير أساليبنا.

ونختم بجملة تساؤلات يجب أن تسأل عند اختيار أسلوب إدارة الصراع وهي:-

1- كم أنت ذي صلة في العلاقة الصراعية؟

2- كم الموضوع مهم بالنسبة إليك؟

3- هل لديك الطاقة لممارسة الصراع؟

4- هل أنت واعٍ لجميع نتائج الصراع؟

5- هل أنت مستعد لتحمل تبعات الصراع؟

6- ما النتائج المتوقعة إذا لم تنخرط في الصراع؟

إدارة الصراع في السياق التربوي:-

إنّ الإداريين التربويين شأنهم شأن غيرهم من الإداريين يواجهون " مشكلة الصراع في مؤسساتهم، وبالتالي فإنه يصبح مطلوباً منهم أن يتعاملوا معه وأن يديروه بحصافة بحيث يفيدون من وجوده أكثر مما يتضررون.

وإذا أخذنا المدرسة مثالاً فإنّ مديرها قد يواجه الصراع في مدرسته بين المعلمين، أو بين المعلمين والإداريين، أو بين المعلمين والطلبة، أو بين الطلبة أنفسهم، وعليه فإن المدير يجب أن يتمتع بالمعرفة الكافية لطبيعة الصراع، واستكفاه أسبابه، وسبل إدارته.

وما يصدق على مستوى الإدارة المدرسية يصدق على مستوى الإدارات الأعلى مع فروق بالطبع قد تتعلق بأسباب الصراع أو مستوياته أو طرائق معالجته، وفي كل الأحوال فإنّ المطلوب من الإداري

التربوي- وبغض النظر عن مستواه الإداري- أن يكون ملماً بخلفيات النظرة إلى الصراع، وبضرورة أن يتبنى الاتجاه الحديث القائل بأنّ وجود درجة من الصراع أمر بناء في المؤسسة، وأن المطلوب منه ليس أن يستأصل الصراع بل أن "يديره".

ولعلّ ما تجدر الإشارة إليه في هذا السياق هو أنّ أهم الأسباب التي يمكن أن تؤدي إلى إحداث الصراع في الميدان التربوي هي: درجة المشاركة في صنع القرار، وعدم وجود وصف للعمل، وغياب المعايير المقننة لتقييم الأداء، الأمر الذي يفرض على الإداري التربوي أن يتبنى الأسلوب الديمقراطي في عمله، وأن يتأكد من أنّ هناك وصفاً واضحاً ومحدداً للأعمال والمهام المطلوبة من المرؤوسين، وأخيراً أن يحاول تبني أو تطوير معايير ذات مصداقية علمية عند تقييم أداء العاملين معه.

كما تجدر الإشارة أيضاً إلى أنّ الإداري التربوي لا بدّ أن ينتقي الإستراتيجية المناسبة للتعامل مع الصراع وإدارته حيث إنّ هناك استراتيجيات كثيرة يمكنه الاطلاع عليها من خلال الأدبيات والبحوث التربوية ولكنها بالتأكيد قد لا تصلح جميعاً. إنّ طبيعة الموقف في الواقع هي التي تقرر الإستراتيجية المناسبة لإدارة الصراع، ومن هنا تأتي أهمية أن يدقق الإداري التربوي الاستراتيجيات الكثيرة المتاحة وأن يختار منها ما هو مناسب لإدارة الصراع القائم مع ضرورة أن يأخذ بالاعتبار أنه مربٍ أولاً وأخيراً، وأنه يعمل في مؤسسة تربوية تعمل على تعهد النشء وصقله وتهذيبه وبالتالي فإنه يجب أن يكون أميل إلى تبني الاستراتيجيات ذات الطابع العقلاني ألإقناعي من تلك المعتمدة على استخدام السلطة و القوة.

وأخيراً فإنه لا بدّ للإداري التربوي من الاعتناء بشخصية "استشارة الصراع" بطرائق وأساليب عميقة ومناسبة، وذلك لسبب بسيط وهو أنّ المؤسسة التربوية محافظة بطبيعتها ولا تميل إلى التغيير بل وتقاومه، وبالتالي فإنّ من واجبه كإداري مسؤول عن تجديد المؤسسة وإضفاء الحيوية على عملها أن يستثير الصراع فيها بما يتناسب مع مناخها التنظيمي، وطبيعة العاملين فيها ومؤهلاتهم وبما يؤدي إل ى تحقيق الأهداف التربوية الموضوعية بصورة أفضل.

المراجع:

- الطويل، هاني عبد الحمن، 2001 ، الإدارة التعليمية: مفاهيم وآفاق، وائل للنشر والتوزيع، عمان.

- القريوتي، محمد قاسم، 2000 ، السلوك التنظيمي: دراسة السلوك الانساني الفردي والجماعي في المنظمات المختلفة، دار الشروق، عمان.

- حريم، حسين 1997 ، السلوك التنظيمي: سلوك الأفراد في المنظمات، دار زهران للنشر والتوزيع، عمان.

- الخضور، جمال فارس. 1996 ، أنماط إدارة الصراع لدى مديري الدراسات الأساسية في محافظة المفرق في ضوء وتغيرات الخبرة والجنس والمؤهل العلمي، رسالة ماجستير غير منشورة، جامعة اليرموك، إربد.

- سالم، توفيق إبراهيم، 1988 ، أثر الضبط الموقفي على أساليب إدارة الصراع التي يستخدمها مديرو المدارس الإعدادية في الأردن، رسالة ماجستير غير منشوره الجامعة الأردنية، عمان.

- الزغل، رياض. 1984 ، الصراع داخل التنظيم: منابعة وضرورته وعلاقته مع البيئة المحيطة، المجلة العربية للعلوم الإدارية، عمان.

- الديب، مدحت، 1997 ، جوانب في الصراع التنظيمي، المجلة العربية للعلوم الإدارية، عمان.

- المغربي، كامل. 1995 ، مفاهيم وأسس سلوك الفرد والجماعة في التنظيم، دار الفكر للطباعة والنشر، عمان.

- بواب، حسني خوري، 1986 ، أساليب إدارة الصراع التي يستخدمها المدراء في المدارس الثانوية الأكاديمية في الأردن، رسالة ماجستير غير منشورة، الجامعة الأردنية، عمان.

- عبابنة، سعيد محمد، 1996 ، أساليب إدارة الصراع في الجامعات الحكومية في الأردن من وجهة نظر أعضاء هيئة التدريس، رسالة ماجستير غير منشورة، جامعة اليرموك.

- عساف، عبد المعطي، 1999 ، السلوك الإداري التنظيمي في المنظمات المعاصرة، دار زهران للنشر والتوزيع، عمان.

- اليازجين، حليمة، 2003 ، علاقة صراع الدور بالإداء التنظيمي لدى مديري المدارس الثانوية الحكومية في الأردن، رسالة دكتوراة غير منشورة، جامعة عمان العربية للدراسات العليا، عمان.

- المؤمني، واصل، 2003 ، علاقة المناخ التنظيمي بأسلوب إدارة الصراع في المدارس الثانوية الأردنية العامة من وجهة نظر المديرين والمعلمين، رسالة دكتوراة غير منشورة، جامعة عمان العربية للدراسات ، عمان.

- العميان، محمود. 2004 ، السلوك التنظيمي في منظمات الأعمال، ط2،دار وائل للنشر والتوزيع، عمان.

- جواد،شوقي. 2000 ، سلوك تنظيمي،ط1،دار الحامد، عمان.

- اللوزي، موسى. 2003 ، التطوير التنظيمي:أساسيات ومفاهيم حديثة، ط1، داروائل للنشر والتوزيع، عمان.

- البلبيسي، سناء. 2003 ، استراتيجيات إدارة الصراع التي يستخدمها مديرو المدارس الثانوية العامة في الأردن وعلاقتها بالروح المعنوية للمعلمين والتزامهم التنظيمي،رسالة دكتوراة غير منشورة،جامعة عمان العربية للدراسات العليا، عمان.

- عبابنة،سعيد. 1996 ، أساليب إدارة الصراع في الجامعات الحكومية في الأردن من وجهة نظر أعضاء هيئة التدريس، رسالة ماجستير غير منشورة، جامعة اليرموك، إربد، الأردن.

- عبد الباقي،صلاح الدين. 2001 ، السلوك التنظيمي، الدار الجامعية للطباعة والنشر والتوزيع، الاسكندرية.

- الطجم، عبد اللـه وآخرون. 1995 ، السلوك التنظيمي، دار النشر والتوزيع،جدة.

- القحطاني، سالم،ويونس، حلمي. 2001 ، أسباب الصراعات التنظيمية في الأجهزة الحكومية المركزية بالمملكة العربية السعودية: دراسة استطلاعية، مجلة جامعة الملك سعود، العلوم الإدارية، مجلد 13 ، 1 .

المراجع بالإنجليزية:-

-Hanson, Mark. 1996. Educational administration behavior, allyn a.London ,nd Bason New ,prentice Hall ,The essence of organizational behavior ,1992.T ,Jackson & .s,Tyson -.York

Relat ,1991 .David Rex ,Hoover -iconflict :perceptions of principals ,onship Among and organizational ,levels of conflict ,management behaviors climate in high schools. Dissertation Abstract international 159 2942.

- Parsons, Larry, C. 1994, An analysis ofc risis conflict resolution strategies preferred by Washington state public light school principals. Dai, 55, 4 823A.

- Owens, Robert. 1981, organizational behavior in Education, Engkwood Cliffs, N.J: prentice Hall, Inc .

-Robins, S.P. 1990, managing organizational conflict Engkwood Cliffs , N, J, prentice Hall.

-Rahim< M. Afzaluar. 2001, Managing conflict in organizations, 3rd ed , Westport, Grcenwood publishing group, Inc .

-Hodge &Anthony, 1991, organization theory, Allyn&Bacon, London .

ضغوط العمل

مقدمة

إن مما لا شك فيه إن الإنسان عانى من الضغوط منذ أن وجد على ظهر البسيطة، حيث كان مضطراً لمواجهة ظروف صعبة وقاسية لا يمكنه التكيف معها بسهولة، ونستطيع القول بأن الأعمال التي مارسها الإنسان قد تعقدت بشكل تدريجي عبر العصور لكنها بالتأكيد أصبحت على مستوى كبير من التعقد في العصر الحاضر، عصر العلم والتكنولوجيا، ويعتقد بعض الباحثين أن الضغوط النفسية أصبحت سمة من سمات العصر الحديث حيث أطلقوا عليها القاتل الصامت The silent killer ولذا لا عجب في أن نرى الإنسان يواجه ضغوط عمل كبيرة في الوقت الحاضر، وإلى الحد الذي جعل 80% من أمراض العصر كالنوبة القلبية، وضغط الدم تنشأ من الضغوط النفسية والتي يحدث قسم كبير منها بسبب ضغوط العمل وتكفي الإشارة هنا إلى أن التكاليف التي تسببها ضغوط العمل للاقتصاد الأمريكي وهو يشكل ربع اقتصاد العالم، هائلة حيث بلغ ما تنفقه المنظمات في الولايات المتحدة على الأمراض الناتجة عن الضغوط أرقاماً خيالية، ومما لاشك فيه أن هذا الواقع قاد إلى الاهتمام بموضوع ضغوط العمل في العقدين الأخيرين وبشكل متزايد، وإن كانت الدراسات العربية في هذا الجانب ما زالت قليلة نسبياً.

لقد أشار عدد غير قليل من الدراسات والأبحاث إلى أن ممارسي بعض المهن يعانون من الضغوط أكثر من غيرهم، وبالذات مهن الإدارة والإشراف والمهن المساندة كالطب والتمريض، ولقد أوضح فريدمان Friedman, 1991 أن مفهوم الاحتراق النفسي Burnout يرتبط بمهنة التعليم أكثر من غيرها.

وإذا كان العاملون في مجال التعليم بشكل عام يعانون من ضغوط العمل فإن الإداريين التربويين منهم يعانون منه بصورة مؤكدة حيث إن هؤلاء يضطلعون بمسؤوليات كثيرة ومعقدة، ويتعاملون مع مرؤوسين كثر ذوي خلفيات متنوعة، فضلاً عن أنهم يجدون أنفسهم وبشكل متزايد مضطرين للتكيف مع معطيات التكنولوجيا وتوظيفها في ميدانهم " الإداري" كما يجدون أنفسهم، وبشكل متزايد أيضاً مضطرين لإثبات قدرة على التميز في الأداء وصولاً إلى مستوى عالٍ من الجودة.

مفهوم ضغوط العمل:-

ترجع كلمة ضغط Stress إلى الكلمة اللاتينية String ere وتعني " يسحب بشده" ثم تم استخدامها لتعني " إكراه وقسر" ، وقد أورد الباحثون مترادفات كثيرة لضغط العمل مثل الضغوط المهنية، والضغوط النفسية المترتبة على العمل بالطبع، والتوتر، والإجهاد ، وهناك تعريفات كثيرة لضغط العمل إذ عرفه لوثانز "Luthans" على أنه "استجابة متكيفة لموقف أو ظرف خارجي ينتج عنه انحراف جسماني أو/ نفساني أو/ سلوكي لأفراد المنظمة" وعرفه عسكر على أنه " مجموعة من التغيرات الجسمية والنفسية التي تحدث للفرد في ردود فعله أثناء مواجهته للمواقف المحيطة التي تمثل تهديداً له".

ويعرِّف كابلن Caplan ضغط العمل بأنه " أية خصائص موجودة في بيئة العمل التي تخلق تهديداً للفرد" أما رؤية حسن فقد ارتأت أن ضغوط العمل هي "مجموعة من التفاعلات بين الفرد وبيئته والتي تتسبب في حالة عاطفية أو وجدانية غير سارة مثل التوتر والقلق أو الشعور بالامتهان".

ويمكن القول بأن ضغوط العمل هي مجمل التأثيرات التي تقع على الشخص بسبب عمله وقد تؤدي إلى معاناته جسمياً و/ أو نفسياً وتتطلب منه تكيفاً، وتتوقف هذه الضغوط في العادة على عدة عوامل أهمها:-

1- مدى إدراك الفرد لهذه الضغوط.

2- تفسير الفرد لهذه الضغوط، وتقدير مدى إمكانية مواجهتها وفقاً لقدراته.

3- إدراك الفرد لمدى أفضلية النواتج المحتملة للنجاح في التكيف مع مسببات الضغوط.

ومن الجدير بالذكر في هذا السياق أن هناك جانبين لظاهرة ضغوط العمل: الجانب الأول ايجابي حيث يكون ضغط العمل تحدياً للفرد في عمله يفترض أن يقوده إلى التحسين والتطوير، أما الثاني فهو سلبي، حيث ينعكس ضغط العمل سلباً على نفسية الفرد وعطائه للمؤسسة، وفي هذا السياق حدد ماكلين Mclean 1980 متغيرين هامين يؤديان بالعمل إلى تجاوز حدود الاحتمال، وبالتالي ضغوط نفسية مرتبطة بالعمل وهما: العبء الكمي " Quantitative overload" والعبء الكيفي " Qualitative overload".

ولقد رصد الباحثون ثلاثة أنماط من ردود الفعل للضغوط هي:-

1- ردود نفسية : كالقلق والتوتر، والإحباط.

2- ردود جسمانية: كالإجهاد، والقرحة.

3- ردود سلوكية : كترك العمل، والغياب، وتدني مستوى الأداء.

وقد صنف البعض هذه الردود إلى ردود أو آثار إيجابية وأخرى سلبية، فقد أشار كيلي Killy,1994 مثلاً إلى الآثار الإيجابية على النحو التالي:-

> الحفز على العمل.

> زيادة تركيز الفرد على العمل.

> الشعور بالانجاز.

> تزويد الفرد بالحيوية والنشاط والثقة.

> النظر إلى المستقبل بتفاؤل.

أما الآثار السلبية فقد أشار إليها هيجان 1998 على النحو التالي:-

أ- بالنسبة للمنظمة:-

> زيادة الكلفة المالية.

> تدني مستوى الإنتاج وانخفاض الجودة.

> صعوبة التركيز على العمل.

> تدني الروح المعنوية,

> ضحالة الرضا الوظيفي.

> الغياب والتأخر عن العمل.

> ارتفاع معدل الشكاوي والتظلمات.

> التخبط في اتخاذ القرارات.

> التسرب الوظيفي دوران العمل .

> الشعور بالفشل.

ب- بالنسبة للفرد:

- آثار نفسية كالمعاناة من الأرق، والإفراط في التدخين، واضطراب الوزن، وعدم الالتزام بالأنظمة والتعليمات.

- آثار جسمية، كالمعاناة من السكري، والصداع، وأمراض القلب.

وقد صنف كوكس Coks هذه الآثار بشكل مختلف إذ أشار إلى:-

> تأثيرات شخصية Subjective effects كالعدائية واللامبالاة، والقلق.

> تأثيرات سلوكية Behavioral effects كالإدمان على الخمر، واستخدام المخدرات، والإفراط في الأكل.

< تأثيرات معرفية Cognitive effects كضعف التركيز، وعدم القدرة على اتخاذ القرار، والحساسية الزائدة.

< تأثيرات فسيولوجية Physiological effects كزيادة ضربات القلب، والتعرق، وزيادة نسبة السكر في الدم.

< تأثيرات تنظيمية Organizational effects كالغياب عن العمل، وزيادة دوران العمل، وعدم الرضا الوظيفي.

ولعل من الواضح أن التأثيرات المشار إليها آنفاً لا تتعلق فقط بالنواحي الجسمية بل تتعداها إلى النواحي السلوكية، والتي قد تمس - بالنسبة للإداري- جوهر العملية الإدارية وهو اتخاذ القرار، ناهيك عن الأبعاد الأخرى المتمثلة في الغياب عن العمل، وغياب الواقعية، وعدم الرضا الوظيفي.

مصادر ضغوط العمل:

لقد أشار الباحثون إلى تصنيفات لمصادر ضغوط العمل فقد صنفها بعضهم إلى مصادر تنظيمية تشمل العلاقة مع الزملاء، ومع الرؤساء، وصراع الدور، وعدم المشاركة في اتخاذ القرار، وإلى مصادر شخصية تشمل: خصائص الفرد، ونمط الشخصية، ومركز الضبط، والحالة النفسية والبدنية للفرد، أما الزعبي 2003 فقد أشارت إلى هذه المصادر والمسببات بتفصيل على النحو التالي:-

أ- المصادر المتعلقة بالمؤسسة وتشمل:

- ثقافة المؤسسة.

- طبيعة الوظيفة.

- عبء العمل.

- الاحتياط الوظيفي.

- العمليات المؤسسية.

- ظروف العمل المادية.

- التغيير في بيئة العمل.

ب- المصادر المتعلقة بالفرد وتشمل:

- المصادر المتعلقة بشخصية الفرد.

- المصادر النفسية.

- المصادر السلوكية.

أما ماهر 1986 فقد وسع دائرة هذه المصادر لتشمل البيئة الخارجية بما فيها من عوامل اجتماعية وسياسية وقانونية واقتصادية، والأسرة، واختلال بيئة العمل المادية فضلاً عن التنظيم الرسمي وما يتعلق بشخصية الفرد.

وفيما يتعلق بالمديرين بالذات أشار كل من كوبر ومارشال Cooper&Marshall, 1978 إلى ستة أنواع من مصادر الإجهاد التي يعاني منها المديرون وهي:-

1- أعمال الإدارة: وذلك بسبب العمل لساعات طويلة، والقيام بأنشطة متعددة.

2- دور المدير في المنظمة: والواقع هو أن المدير يلعب أدوراً متعددة كالمفاوض، ومتخذ القرار، وحلال المشاكل، وغير ذلك.

3- العلاقات الشخصية المتداخلة: أي مع الرؤساء والمرؤوسين والمديرين الآخرين، وبما أن لكل فئة من هذه الفئات تطلعاتها ومطاليبها فإن المدير يعاني بسبب هذه العلاقات المعقدة المتداخلة.

4 -الطموحات المستقبلية للمدير: حيث إن كل مدير يتطلع إلى التقدم وظيفياً في مجال العمل، وإذا ما شعر بأن هناك عوائق وعقبات في طريقه فإنه يصاب بالإجهاد.

5- الهيكل والمناخ التنظيمي: حيث إن كلاً من الهيكل التنظيمي والمناخ التنظيمي يرسم إطاراً للسلوك الوظيفي، وتداخل الصلاحيات، وأساليب المشاركة، الأمر الذي يسبب الإجهاد للمدير.

6- مداخلات ومتطلبات الحياة الاجتماعية: وذلك مثل المشكلات العائلية، والأزمات الحياتية، والأزمات المالية، وتعارض قناعات الفرد مع قيم المنظمة، وتعارض المتطلبات العائلية مع متطلبات العمل.

وقد قام بعض الباحثين كما ورد في هانسن Hanson,1991 برصد بعض مصادر الضغوط كما تم رصدها من قبل المديرين فكان أهمها على النحو التالي:

1- قلة الموارد والتسهيلات.

2- ضحالة الدعم من قبل الرؤساء أو الجمهور.

3- عبء العمل Work load .

4- الأعمال الورقية.

5- المفاوضات والمساومات الجماعية Collective bargaining .

6- غموض الدور المحدد للمدير.

7- غموض القوانين، والأنظمة والتعليمات.

8- العلاقات مع المجتمع المحلي.

ومن الجدير بالذكر أن بعض الباحثين طوّروا عدداً من النماذج التي توضح العلاقة بين ضغوط العمل ومسبباته وآثاره على الفرد والمنظمة، ولعل من أشهر هذه النماذج نموذج جبسون. Gibson 1994 حيث أشار هذا النموذج إلى أربعة مسببات لضغوط العمل هي:-

العوامل البيئية المادية التلوث مثلاً ، والضغوط الفردية غموض الدور مثلاً والضغوط الجماعية نوعية العلاقة بين جماعات العمل في المنظمة مثلاً ، وعوامل الضغوط التنظيمية كالمشاركة في اتخاذ القرار مثلاً .

وإذا دققنا النظر في هذه المصادر أو المسببات فإننا نجد أن الإداري التربوي قد لا يعاني من الأول بسبب صلاحياته التي تمكنه من التغلب عليها، ومن الثاني حيث يكون دوره واضحاً إجمالاً، ولكنه يعاني من الثالث حيث لا بد أن تولد العلاقة مع الرؤساء بعض الاحتكاكات والتوترات، وكذلك من الرابع، وبالذات ما يتعلق منها بغرض المشاركة في اتخاذ القرارات.

استراتيجيات إدارة ضغوط العمل:-

لقد اجتهد الباحثون في تحديد استراتيجيات وطرائق مواجهة ضغوط العمل لا بقصد استئصالها ولكن بقصد إدارتها، أي تعظيم إيجابياتها وتقليل سلبياتها، فقد ذكر العميان 2004 مثلاً عدداً من الاستراتيجيات وهي:-

1- التطبيق الجيد لمبادئ الإدارة والتنظيم.

2- تصميم وظائف ذات معنى.

3- إعادة تصميم الهيكل التنظيمي.

4- تطوير نظم الاختيار والتعيين.

5- التحديد الدقيق لمتطلبات الدور.

6- ترتيب بيئة العمل بالشكل المناسب.

وقد أضافت حسن إلى هذه الاستراتيجيات عدداً آخر ومن أهم ما أضافته:

1- مكافأة العمل الجيد، وتقديم فرص لانجاز العمل، وتحمل المخاطر دون التعرض لاحتمالات الفشل.

2- تطوير الرؤية المهنية من خلال تشجيع تحديد الأهداف، وتقديم معلومات عن الأداء.

3- بلورة الهوية المهنية من خلال تقديم عمل فيه تحدٍ ومعايشة للفرد بدرجة أكبر.

وقد صنف بعض الباحثين عوامل واستراتيجيات إدارة ضغوط العمل إلى ما يلي:-

1- عوامل تعالج الأعراض كالأدوية مثلاً.

2- عوامل تدرب الفرد على مهارات جديدة كالاسترخاء مثلاً.

3- عوامل تغير بيئة العمل كمحاولة تقليل احتمالات الخطر مثلاً.

ويمكن اختصار الاستراتيجيات الآنفة الذكر- وطبقاً لما ورد في الأدبيات- على النحو التالي:-

1- تحليل أدوار العاملين وتوضيحها.

2- إعادة النظر في تصميم الأعمال من خلال تحسين جوانب العمل الذاتية.

3- خلق مناخ تنظيمي مؤازر Supportive للعاملين.

4- تصميم برامج إرشاد ومساعدة للعاملين.

5- تطوير نظم اختيار وتعيين العاملين.

6- تصميم برامج تدريبية متطورة للعاملين.

7- وضع نظام للحوافز وتقويم الأداء.

8- تطوير نظام اتصال فعال.

ومن الجدير بالذكر أن بعض هذه الاستراتيجيات والوسائل العلاجية قد تنجح في موقف، وقد لا تنجح في موقف آخر، كما أن بعضها يعتبر استراتيجيات وقائية لا بد من الأخذ بها للحيلولة دون حدوث ضغوط العمل كتحليل أدوار العاملين ووضع وصف للعمل Job description ، وتطوير نظام الاتصال Communication system ، ونظام للحوافز Incentive system ، وإن كان هذا لا ينفي أن هناك طرائق علاجية بحتة لا تستعمل إلا حين حدوث الضغط مثلاً.

خامساً: ضغوط العمل في السياق التربوي:-

إن العاملين في الميدان التربوي- ومنهم الإداريون بالطبع- يواجهون ضغوط عمل كثيرة ومتفاوتة المستوى، وقد يعود ذلك إلى أنّ المهنة التربوية كما هو معروف تتعامل مع الإنسان وصولاً إلى صقله وتهذيبه وتعديل سلوكه أو بعبارة واحدة: تنمية شخصيته تنمية شاملة ومتكاملة، ومن الواضح أنّ هذه عملية دقيقة، وصعبة، وتحتاج إلى كثير من الصبر،والمعاناة، وبذل الجهد، ولذا فإنه ليس من الغريب أن يواجه مدير المدرسة مثلاً كثيراً من الضغوط من قبل المعلمين، والطلبة، والإداريين وأولياء

الأمور، وكل فئة من هذه الفئات لها مطالبها، ولها أشكالها فهل يستطيع مدير المدرسة أن يلبي جميع هذه المطالب، وهل يستطيع إيجاد الحلول المنطقية المعقولة لكل هذه الإشكالات؟

وإذا انتقلنا إلى مستوى آخر من مستويات الإدارة التربوية كإدارة المنطقة التعليمية مثلاً فإننا لا بدّ أن نلاحظ أن الإدارة على هذا المستوى تواجه ضغوط عمل أخرى قد لا تختلف في مستواها وعمقها، ولكنها تختلف في نوعيتها، وذلك تبعاً للمسؤوليات المعينة التي يضطلع بها مدير التربية والتعليم في المنطقة، فهو مسؤول عن كل المدارس التابعة لمنطقته التعليمية تخطيطاً، وتنظيماً، وتوجيهاً، وتقويماً، ورقابة، وعليه فإنّ من المتوقع تماماً أن يواجه صعوبات وتحديات كثيرة قد تسبب له فيما يسمى "بضغط العمل".

وإذا انتقلنا إلى مركز وزارة التربية والتعليم فإنّ من المؤكد أن نلاحظ أشكالاً أخرى من ضغوط العمل التي تواجه الإداريين هناك، ومن الطبيعي أن تكون تلك الضغوط مرتبطة بنوعية المهام والمسؤوليات الإدارية على ذلك المستوى والإشكالات المتعلقة بها حيث المسؤولون هناك مسؤولون عن التخطيط للعملية التربوية بشكل عام وعن تنظيمها، وعن صنع السياسات المختلفة المرتبطة بها.

إنّ كل ما سبق يجب أن يكون حافزاً للإداريين التربويين في مختلف مواقعهم على دراسة موضوع ضغوط العمل ومعرفة أبعاده وأسبابه واستراتيجيات التعامل معه، ذلك أنّ هذه المعرفة تساعدهم بالتأكيد على استكشاف ما يواجهونه، وسبل معالجته بالاستراتيجيات المناسبة الكفيلة بتعظيم العوائد التربوية وتقليل السلبيات المترتبة على العمل.

المراجع:-

المراجع العربية

1- المشعان ، عويد ربيع. 2000 ، مصادر الضغوط المهنية لدى المدرسين في المرحلة المتوسطة بدولة الكويت وعلاقتها بالاضطرابات النفسية والجسمية، مجلة العلوم الاجتماعية، مجلد 28 .

2- الهيجان، عبدالرحمن. 1998 ، ضغوط العمل منهج شامل لدراسة مصادرها ونتائجها وكيفية إدارتها، معهد الإدارة العامة، الرياض.

3- الخضري، محسن أحمد 1991 ، الضغوط الإدارية:"الظاهرة، الأسباب، العلاج" مكتبة مدبولي القاهرة.

4- المشعان ، عويد. 2000 ، مصادر الضغوط في العمل لدى المعلمين الكويتيين وغير الكويتيين في المرحلة المتوسطة، مجلة جامعة دمشق، العدد الأول.

5- العمري بسام، أبو طالب، تغريد. 1997 ، مصادر ضغط العمل التي تراها مديرات رياض الأطفال في منطقة عمان الكبرى، دراسات، الجامعة الأردنية، المجلد 24 ، العلوم التربوية، العدد 2 ,

6- الجبر، زينب. 1998 . الضغوط المهنية التي يواجهها مديرو ومديرات مدارس تجريه الإدارة المدرسية المطورة بدولة الكويت: دراسة ميدانية سلسلة الدراسات النفسية والتربوية، جامعة السلطان قابوس، المجلد 3 مسقط.

7- العضايلة، علي، 1999 ، دراسة تحليلية لضغوط العمل لدى العاملين في الشركات العامة الكبرى في جنوب الأردن، مؤتة للبحوث والدراسات، المجلد 14 ، العدد 7 .

8- حريم، حسين. 1997 ، السلوك التنظيمي: سلوك الأفراد في المنظمات، دار زهران للنشر والتوزيع، عمان.

9- الخريشا، ملوح. 2001 ظاهرة الاحتراق النفسي عند المعلمين الأردنيين في محافظة الكرك ، مجلة كلية التربية، جامعة أسيوط، 17 ، 2 .

10- السالم، مؤيد، 1990 ، التوتر التنظيمي: مفاهيمه وأسبابه واستراتيجيات إدارته، الإدارة العامة، الرياض، المملكة العربية السعودية، 68 30

11- الشقيرات، محمد. 2001 الضغوط النفسية وتأثيرها على الصحة النفسية والصحة الجسمية وعلاقتها ببعض العوامل الديموغرافية عند أعضاء هيئة التدريب في جامعة مؤتة، مجلة كلية التربية، جامعة أسيوط، 17 ، 2 .

12- عسكر رسمية. 1998 ، متغيرات ضغط العمل: دراسة نظرية وتطبيقية في قطاع المعارف بدولة الإمارات العربية المتحدة، الإدارة العامة، الرياض، المملكة العربية السعودية.

13- العمري، علية، 2001 ضغوط العمل لدى مديري الدراسة الثانوية بسلطنة عُمان، رسالة ماجستير غير منشورة جامعة السلطان قابوس، عُمان.

14- الكساسبة، محمد 2004 مصادر ضغوط العمل لدى المشرفين التربويين العاملين بمديريات التربية والتعليم في محافظات جنوب الأردن. رسالة ماجستير غير منشورة.

15- حسن، رواية. 2001 ، السلوك في المنظمات، الدار الجامعية، الإسكندرية.

16- سعادة، جودت وزملاؤه. 2003 ، ضغوط العمل التي يتعرض لها الممرضون والممرضات خلال انتفاضة الأقصى في مستشفيات محافظة نابلس الفلسطينية، دراسات، المجلد 30 ، العدد 1 .

17- الحلو، غسان. 2004 ، مصادر الضغوط المهنية التي تواجه معالي المدارس الحكومية في فلسطين، دراسات، المجلد 31 ، العدد 2 .

18 - عيسى، جابر. 2003 ، الضغوط النفسية لدى المعلمين في مدارس التعليم العام بدولة الكويت وتأثرها بخط القيادة التربوية، مجلة كلية التربية بالمنصورة، المجلد 22 ، العدد 53 .

19- الزعبي، دلال. 2003. ضغوط العمل وعلاقتها بالدافعية نحو العمل لدى رؤساء الأقسام الأكاديمية في الجامعات الأردنية، رسالة دكتوراه غير منشورة، جامعة عمان العربية للدراسات العليا، عمان.

20 - عسكر ، سمير. 1988 ، متغيرات ضغوط العمل، مجلة الإدارة العامة، المجلد 28 ، العدد 60 .

21- العميان، محمود. 2004 ، السلوك التنظيمي في منظمات الأعمال، دار وائل للنشر والتوزيع، ط2، عمان.

22- ماهر، أحمد. 1986 ، السلوك التنظيمي: مدخل بناء المهارات، المكتب العربي الحديث، الإسكندرية.

المراجع بالانجليزية:-

1-Killy. 1994 the executive time and stress, Alexa Hamilton institute ,New Jersey.

2- Hanson, Mark ,Bacon &Allyn ,Educational administration and organizational behavior ,1996 . London.

Behavior in organizations ,1993 .A ,Robert ,Baron &Jerald ,Greenberg 3

Lu 4t.MeGraw Hill :thed Newyork4.nizational behaviororga ,1985,Fred ,hans

,the presence 1996 .k-Duaj 5Nature, and effects of Jop stress on physical and psychological health at a large Australian university, Journal of Educational Administration, vol. 34, No3

6 North Crafts, Gregory & meal, Margaret A. 1990 Organizational. Behavior. U.S. A.

الإدارة الإستراتيجية

مقدمة:

إنّ مما لا شك فيه أن الإدارة التربوية تواجه تحديات عديدة في الوقت الحاضر، وتنبع هذه التحديات أساساً من طبيعة ظروف العصر وتعقيداتها المختلفة، الأمر الذي يفرض تغييرات جذرية في سبل التفكير وطرائق العمل لمواجهة المشكلات بأقصى قدر من الفعالية.

ولعلّ من أهم السبل التي تمكن الإدارة التربوية من النجاح في هذا المجال هو تبني الإدارة الإستراتيجية إذ لم يعد مقبولاً أن تظل الإدارة آنية في توجهاتها وخططها بل لا يد لها في الواقع من اعتماد نظرة إستراتيجية بعيدة المدى تحدد من خلالها أهدافاً كبرى وأساليب مدروسة ناجعة، وطرائق تقويم منهجية متنوعة، بما يؤدي في النهاية إلى تجاوب أكبر مع متطلبات البيئة، وإرضاءً "الزبون" ، وتحقيق مبدأ المشاركة، وحشد الموارد، والابتكار.

إنّ الإدارة التربوية وعلى مختلف مستوياتها:" العليا، والوسطى، والتنفيذية"، يمكن أن تتبنى وتطبق مفهوم "الإدارة الإستراتجية" وإن كان لا بد أن نعترف بالطبع أنّ الإدارة العليا هي الأكثر ملاءمة لتطبيق مفهوم هذه الإدارة، وذلك لسبب واضح هو أنها هي الجهة المخولة بوضع الأهداف الكبرى، ووضع السياسات الرئيسية، وإنجاز التقويم التكويني والختامي لاستكشاف مدى تحقيق الأهداف بل وتطبيق مبدأ المساءلة Accountability حفاظاً على فعالية المؤسسة وكفايتها، علماً أن دراسات كثيرة دلت على تفوق المؤسسات التي تطبق الإدارة الإستراتيجية على تلك المؤسسات المثيلة التي لا تطبقها.

مفهوم الإدارة الإستراتيجية:-

لقد تطور مفهوم الإدارة الإستراتيجية تطوراً سريعاً، وذلك بسبب تأكيدها على تكاملية عمل المؤسسة، ومحاولتها التعامل الفعال مع الإشكاليات الإدارية المختلفة، ولقد أصبح علم الإدارة الإستراتيجية الآن أحد فروع علم الإدارة، وهو يتطور ويثري نفسه من خلال مجهودات علماء الإدارة المنصبة على فهم آليات عمل المنظمة وسبل الارتقاء بأدائها.

ويعود مصطلح "إستراتيجية " إلى الكلمة اليونانية Strategia التي تعني علم الجنرال Strategoes ومن المعروف أنّ الإستراتيجية في العلوم العسكرية هي علم وفن ينصرفان، كما يشير

الأيوبي 1980 ، إلى "الخطط والوسائل التي تعنى بالوضع الكلي للصراع، والذي تستخدم فيه القوة بشكل مباشر أو غير مباشر من أجل تحقيق الأهداف أو الهدف الذي تسعى إليه السياسة".

ولقد ارتبط مفهوم الإستراتيجية عند اليونان منذ القدم بثلاثة أبعاد هي:

1- الأهمية : بمعنى التعامل مع القرارات البالغة الأهمية.

2- الشمولية: بمعنى أنّ العمل الإستراتيجي يتميز بأنه واسع النطاق ومستقبلي.

3- النظرة المستقبلية: بمعنى أنّ مجال تطبيق الإستراتيجية هو المستقبل.

كما أنّ من المعروف أنّ هناك جملة قواعد عامة تحكم الإستراتيجية في العلوم العسكرية أهمها: المحافظة على حرية العمل، والاقتصاد في القوى، والحصول على المبادأة، وتحقيق المفاجأة، وتحقيق التعاون، وتوجيه القيادة.

والواقع أنّ مفهوم الإستراتيجية قد انتقل من العلوم العسكرية إلى مجالات إدارة الأعمال بعد الحرب العالمية الثانية على يد الباحثين "فون نويمان- ومورجنسترن Von Neumann &Morgenstern .

كما تطور بعد ذلك على يد علماء وباحثين آخرين مثل دركر Drucker ، شاندلر Chandler وأنسوف Ansopf ، وكانون Cannon ومنتزبيرج Mintzberg ، وبورتر Porterويمكن تصنيف الإستراتيجيات إلى ثلاثة أنواع هي:-

1- استراتيجيات هجومية Offensive strategies وهي تتمحور حول الاهتمام بالبيئة التنافسية للمنظمة.

2- استراتيجيات دفاعية strategies Deffensive وهي تركز على الاهتمام بالبيئة الداخلية للمنظمة.

3- استراتيجيات الاستقرار Stability strategies وهي تهتم أساساً بموضوع قيام المنظمة ببعض التغييرات المحدودة، والتي قد تكون رئيسة في نفس الوقت، وهي لا تعني الجمود وقد يتم تبنيها في ظروف معينة.

وقد صنفها بعض الباحثين كما ورد في الخطيب 2001 إلى الإستراتيجيات ذا طابع مغامر Entrepreneurial واستراتيجيات تخطيطية Planning واستراتيجيات تكيفية Adaptive .

ويمكن الإشارة إلى أنّ مفهوم الإستراتيجية قد مرّ بأربع مراحل أشار إليها الركابي 2004 على النحو التالي:-

1- المرحلة المبكرة:- وقد امتدت من منتصف الأربعينات إلى منتصف الستينيات من القرن العشرين، ورغم أنها تميزت بالريادية إلا أنها كانت تفتقر إلى الشمول، وقد ركزت على أن الإستراتيجية هي قاعدة اتخاذ القرارات للمنظمة، وأنها موجهة للاستجابة لمتغيرات الموقف المختلفة.

2- مرحلة البلورة:- وفي هذه المرحلة بدأ التركيز على عملية صياغة الإستراتيجية، والتطبيق الإستراتيجي، والتقييم الإستراتيجي.

3- مرحلة النضج:- وقد جاءت بعد منتصف السبعينيات من القرن الماضي حيث اهتمت بطبيعة الأهداف الإستراتيجية، وتوضيح العلاقة بين السياسة والإستراتيجية، وجلاء أهمية نمط استخدام الموارد والبناء التنظيمي.

وقد عرّف الباحثون الإدارة الإستراتيجية تعريفات عدة منها ما ورد في شوشة 1999 من أنها: عملية إدارة تفاعلات المنظمة مع البيئة الخارجية، وتتكون من التخطيط الإستراتيجي، وتخطيط القدرات والإمكانات، وإدارة التغيير في كل من الاضطرابات البيئية، والقدرات التنظيمية، والسلوك الإستراتيجي للمنظمة، كما عرّفها هيجنز Higgins,1983 على أنها عملية متابعة تحقيق رسالة المنظمة أثناء إدارتها لعلاقتها مع البيئة" أما كوتلر Kotler1997 ، فقد عرّفها على أنها "تلك العملية التي يتم من خلالها تحديد وصياغة العلاقة بين المنظمة والبيئة التي تعمل فيها من خلال تنمية غايات وأهداف واستراتيجيات للنمو،وتحديد محفظة الأعمال لكل العمليات والأنشطة التي تمارسها المنظمة".

ومن وجهة نظر الباحث فإنّ الإدارة الإستراتيجية هي الإدارة التي تضع خططاً طويلة المدى، وتحدد الطرائق والأساليب الفعالة لتنفيذها، كما تحدد الوسائل المناسبة لتقويمها، وفي عالم الواقع فإنّ الإدارة الإستراتيجية قد تعني دخول المنظمة في نشاط جديد، أو إضافة منتج جديد، أو اتخاذ قرار بالاندماج مع منظمة قائمة.

ويُلاحظ من خلال استعراض التعريفات المختلفة للإدارة الإستراتيجية ما يلي:-

1- أنّ الإدارة الإستراتيجية حقل متطور وينظر إلى المنظمة نظرة شمولية وتكاملية.

2- الإدارة الإستراتيجية هي من اختصاص الإدارة العليا فهي القادرة على ربط المنظمة بالبيئة، وهي المخولة باتخاذ القرارات الجوهرية، أو القرارات الإستراتيجية.

3- إنّ الربط بين المنظمة والبيئة هو شرط ضروري لبناء الاستراتيجيات.

ومن الجدير بالذكر أنّ هناك توجهين فيما يتعلق بالطروحات النظرية الخاصة بالإدارة الإستراتيجية وهي:-

1- الاتجاه التقليدي: ويرى أتباعه أن الإدارة الإستراتيجية تتألف من صياغة الإستراتيجية، وتنفيذها، وتقييمها، والرقابة عليها.

2- الاتجاه المحدث: ويرى أتباعه أن الإدارة الإستراتيجية هي محتوى ومستلزمات، وتتضمن التحليل الاستراتيجي، والاتجاه الاستراتيجي، والاختيار الإستراتيجي.

وقد رصدت الخفاجي، 2004 ثلاثة مداخل تعبر عن طبيعة الإدارة الإستراتيجية ومحور تركيزها وهي:-

1- المدخل العقلاني: وهو يدور حول امتلاك العقل الاستراتيجي، لقدرات فائقة تبحث عن الكمال في ممارسة عملية الإدارة الإستراتيجية.

2- المدخل البيئي: وهو يدور حول ضرورة دراسة بيئة المنظمة جنباً إلى جنب مع دراسة حياتها المنظمية.

3- المدخل المعاصر:- وهو يدور حول تأثر الإدارة الإستراتيجية بالعلوم المعاصرة في حقلي: "المنظمة والإدارة"، وهي تسعى لسد الفجوات النظرية والتطبيقية من خلال مد الجسور مع علوم إنسانية تتسم بنضج تراكمها العلمي النظرية السياسية، والنظرية الثقافية، والنظرية المعرفية .

ومن الجدير بالذكر أنّ المدير الإستراتيجي يتميز بميزتين هامتين وهما حسب هنترهيوبر وبوب Hinterhuber&popp,1992.

1- القدرة على فهم مغزى الأحداث دون التأثر بظواهر الأمور.

2- القدرة على اتخاذ القرارات بسرعة وبغض النظر عن الخسائر المتوقعة.

والواقع أنّ المدير الإستراتيجي يجب أن يتسم بالعديد من الخصائص لعل من أهمها: القدرة على اتخاذ القرارات في الوقت المناسب، والوعي بالبيئة الخارجية، فضلاً عن توفر الخبرة والمهارة لديه.

أهداف الإدارة الإستراتيجية:-

لقد أشار عوض، 1999 ، إلى هذه الأهداف كما يلي:-

1- تهيئة المنظمة داخلياً من خلال إجراء التعديلات المختلفة لتمكينها من التعامل مع البيئة الخارجية بكفاءة.

2- اتخاذ قرارات هامة ومؤثرة تعمل على زيادة حصة المنظمة في السوق وزيادة رضا العاملين

2- تحديد الأولويات والأهمية النسبية بحيث يتم وضع الأهداف طويلة الأجل والأهداف السنوية والسياسات في ضوء الأولويات.

4- إيجاد المعيار الموضوعي للحكم على كفاءة الإدارة.

5- زيادة فاعلية وكفاءة عمليات اتخاذ القرارات.

6- التركيز على السوق والبيئة الخارجية باعتبار أنّ استغلال الفرص ومقاومة التهديدات هو المعيار الأساسي لنجاح المنظمات.

7- تجميع البيانات عن نقاط القوة والضعف والفرص والتهديدات بحيث يمكن للمدير اكتشاف المشاكل مبكراً حتى لا تكون قراراته مجرد ردات فعل.

8- وجود نظام للإدارة الإستراتيجية يتكون من خطوات وإجراءات معينة يشعر العاملين بأهمية المنهج العلمي في التعامل مع المشكلات.

9- تشجيع اشتراك العاملين من خلال العمل الجماعي مما يزيد من التزامهم.

10- المساعدة على اتخاذ القرارات وتوحيد اتجاهاتها.

عناصر الإدارة الإستراتيجية وأبعادها ونماذجها:-

إنّ هناك عناصر عديدة للإدارة الإستراتيجية أهمها كما ورد في الخطيب 2001 وأبو قحف 2002 :

1- الخطط الموجهة للمستقبل.

2- الأهداف طويلة المدى.

3- تحديد نواحي القوة والضعف في المؤسسة.

4- تحليل البدائل المتاحة.

5- تحليل الموقف أو البيئة للمؤسسة.

6- اتخاذ القرارات.

7- تخصيص الموارد اللازمة لتنفيذ الأهداف.

8- التقويم الاستراتيجي.

9- الابتكار في مواجهة الظروف المتغيرة.

10- قيادة التغيير.

11- تنمية المركز التنافسي للمنظمة.

ويمكن تصنيف عناصر الإدارة الإستراتيجية على النحو الذي يبينه الشكل التالي:
عناصر الإدارة الإستراتيجية

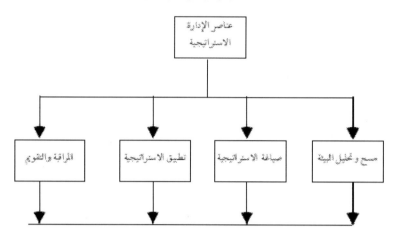

عناصر الإدارة الإستراتيجية

(الركابي، 1999)

الركابي، 1999

أما أبعاد الإدارة الإستراتيجية فهي ثلاثة حسبما يوضحها الشكل التالي:

1- اِلأهداف. ما تريد المنظمة تحقيقه .

2- الرسالة. الخصائص الفريدة في المنظمة والتي تميزها عن غيرها .

3- الإستراتيجية.

شيه .

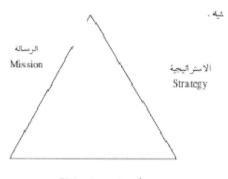

الأهداف Objectives

أما فيما يتعلق بنماذج الإدارة الإستراتيجية فقد أشار إليها القطامين 2002 على النحو التالي:-

1- نموذج جامعة هارفارد: وهو الأول زمنياً من بين النماذج، وأطروحته هي أنّ الإدارة الإستراتيجية هي نموذج من القرارات والسياسات التي تحدد طبيعة المؤسسة بطبيعة المنتجات أو الخدمات التي تقدمها خدمة للمجتمع.

2- نموذج إستراتيجية التنافس: ويعود هذا النموذج إلى مايكل بورتر Michacl Porter الذي رأى أن المؤسسة تنجح أو تفشل في إدارة شؤونها بتأثير مجموعة من القوى الفاعلة في بيئتها التنافسية.

3- نموذج أصحاب المصالح: ويقوم على ضرورة تركيز اهتمامات المديرين الإستراتيجية على الأفراد والجماعات والمؤسسات التي تؤثر وتتأثر بالقرارات والممارسات التي تتخذها المؤسسة.

4- نموذج عملية التخطيط: ويتمحور حول ضرورة التركيز المكثف على الأساليب التي تتخذ فيها القرارات في المؤسسة لكونها الأكثر أهمية في أدائها.

5- نموذج الأبعاد السبعة: الفكرة الأساسية لهذا النموذج هي أن الإستراتيجية تقوم على سبعة أبعاد هي: البناء التنظيمي، والإستراتيجية، والأنظمة، والأساليب، والمواءمة بين العاملين ووظائفهم، والمهارات والغايات، وذلك في إطار كل متفاعل ومتكامل.

مراحل الإدارة الإستراتيجية:-

لقد رأى هوفر Hofer كما ورد في شوشة ، 1999 أن الإدارة الإستراتيجية تتكون من أربع مراحل هي:-

1 مرحلة صنع الساسة   Policy making

2 مرحلة السياسة والتخطيط   Policy and Planning

3 نموذج الإستراتيجية   Strategy paradigm

4 الإدارة الإستراتيجية Strategy management

وهناك تصنيف آخر لهذه المراحل أورده القطامين 2002 على النحو التالي:-

1- مرحلة التحليل الإستراتيجي دراسة البيئتين الداخلية والخارجية للمؤسسة بهدف تحديد العناصر الإستراتيجية فيهما .

3- مرحلة التخطيط الإستراتيجي صياغة رسالة المؤسسة، وأهدافها، وخططها الإستراتيجية وسياساتها المختلفة .

3- مرحلة التنفيذ وضع الخطط والسياسات المطورة في المرحلة السابقة موضع التنفيذ .

4- مرحلة الرقابة الإستراتيجية تقسيم أداء المؤسسة للتأكد من أنّ الأهداف الإستراتيجية تنفذ حسب ما هو مخطط لها.

أما عوض 1999 فقد أورد هذه المراحل على النحو التالي:-

1- مرحلة التصميم.

2- مرحلة التطبيق،

3- مرحلة التقييم.

4- والشكل التالي يبين هذه المراحل:-

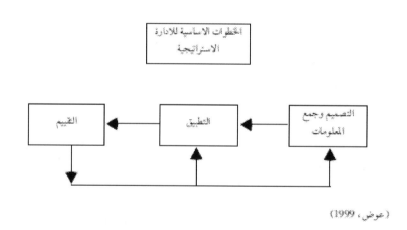

(عوض، 1999)

عوض، 1999

الإدارة الإستراتيجية :

لقد تزايدت أهمية الإدارة الإستراتيجية في العقود الأخيرة ليس فقط في المنظمات المختلفة، ولكن أيضاً على مستوى الدول، وذلك بسبب مظاهر خلل كثيرة أهمها:- تضارب الاختصاصات، والتركيز على المصالح الخاصة لا العامة، وانخفاض معدلات النمو في الدخل القومي، والتخلف التكنولوجي، ومن هنا تنبع أهمية الإدارة الإستراتيجية التي يمكن تلخيص فوائدها فيما يلي:-

1- تساعد الإدارة الإستراتيجية المنظمات في توقع مشكلات المستقبل، وتنمي عادات التفكير في المستقبل.

2- تعمل على توضيح الأهداف والتوجهات المرتبطة بمستقبل المنظمة وآفاق تطورها.

3- يساعد البحث فيها المديرين على القيام بتخطيط استراتيجي بعيد الأمد بما يسهم في نجاح المنظمة.

4- تساعد الإدارة الإستراتيجية على تقويم البيئة الخارجية للمنظمة، وعلى تحليل البدائل الإستراتيجية.

5- تساعد على بلورة الأفكار المتطورة، الأمر الذي يضاعف من فرص الإبداع.

6- تساعد على تأهيل كوادر الإدارة العليا، وتزويدها بالمهارات القيادية الرفيعة.

7- توفير فرص مشاركة جميع المستويات الإدارية، ومن ثم تقليل المقاومة التي قد تحدث عند تنفيذ أي برنامج تغييري.

8- الوصول إلى حالة من التميز في الأداء الحالي، وتطوير الأداء الكلي للمؤسسة.

وقد رأى جرينلي Greenley أن تبني الإدارة الإستراتيجية يعود على المؤسسة بمنافع عديدة أهمها:-

1- التعرف على الفرص وترتيبها وفقاً للأولويات.

2- النظرة الموضوعية لمشاكل الإدارة.

3- تقديم إطار أفضل للتنسيق بين الأنشطة المختلفة والرقابة عليها.

4- التقليل إلى أدنى حد من الظروف غير المواتية.

5- مساندة القرارات الهامة بصورة فعّالة.

6- تخصيص الوقت والموارد بصورة فعالة.

7- توفير أساس لتوضيح مسؤوليات الفرد.

8- التشجيع على التفكير المستقبلي.

9- خلق اتجاه قوي نحو التغيير.

الإدارة الإستراتيجية والسياق التربوي:

إن تبني الإدارة التربوية لمفهوم الإدارة الإستراتيجية وتطبيقها أمر غاية في الأهمية وبالذات على مستوى الإدارة العليا، وذلك لسبب بسيط هو أنّ الإدارة التربوية أصبح مطلوباً منها أن تستشرف

المستقبل وأن تعمل في إطار منهجية تغييريه مستمرة تساعد على تلبية الاحتياجات المجتمعية المختلفة، وعلى تحقيق أقصى قدر من الأداء الفعال.

ومما تجدر الإشارة إليه في هذا السياق أنّ تبني الإدارة التربوية لمفهوم الإدارة الإستراتيجية يتضمن حكماً تبنيها لمفهوم التخطيط الإستراتيجي الذي ينبئ بأن هذه الإدارة تعمل على الإعداد للمستقبل وليس فقط الاستغراق في الحاضر وحل مشكلاته يوماً بيوم.

وفضلاً عما سبق فإنّ الإدارة التربوية يجب أن تكون بحكم طبيعتها ومنظورها الجماهيري نظاماً مفتوحاً Open system يتفاعل مع بيئته الخارجية يأخذ منه ويعطيه، ويتأثر به ويؤثر فيه، الأمر الذي يعطيها الإمكانية الدائمة للتعرف على الفرص والإمكانيات التي يمكن استغلالها لصالح العملية التربوية.

المراجع

المراجع باللغة العربية:-

- القطامين، أحمد. 2002 ، الإدارة الإستراتيجية: مفاهيم وحالات تطبيقية ، 1ط، دار مجدلاوي للنشر والتوزيع، عمّان.
- الخطيب، أحمد. 2001 ، الإدارة الجامعية: دراسات حديثة، ط1، مؤسسة حمادة للدراسات الجامعية والنشر والتوزيع، عمّان.
- شوشة، فريد. 1999 . الإدارة الإستراتيجية، دار النهضة العربية، القاهرة.
- الركابي، كاظم نزار. 2004 ، الإدارة الإستراتيجية: العولمة والمنافسة، دار وائل للنشر والتوزيع،عمّان.
- أبو قحف، عبد السلام. 2002 . الإدارة الإستراتيجية وإدارة الأزمات، دار الجامعة الجديدة، القاهرة.
- عوض، محمد. 1999 . الإدارة الإستراتيجية: الأصول والأسس العلمية، الدار الجامعية، الإسكندرية.
- العارف، نادية. 2004 . الإدارة الإستراتيجية، ط1، الدار الجامعية، الإسكندرية.

المراجع باللغة الانجليزية:-

.1983 .,.Dames H ,Higgins - Organization Policy and strategic :Chicago ,text and cases :management .Dryden press

Englewood clif ,Marketing management .1997 , .P ,Kotler -fPrent :New Jersey .sice, Hall.

- Porter, M. E. 1990." The competitive advantage of nations", Harvard business review, March April, .p 3550.
- Freeman, E. R. 1984 " strategic management: a stakeholder approach", Boston: Ballinger.
- -Pearce,. A., & Robinson, R. B. 1994 " strategic management formulation, implementation, & control, Boston

David, F. R. *1995 " concepts of strategic management, New York .

-Langley, Ann, 1988, The roles of formal strategic planning "Long range Planning 21, no.3.

-Allen, Micheal. 1985. " strategic management hits its stride".6 .p ,5 .no ,planning review

.1994 .C.D ,Bernhardt - Tailoring competitive intelligence ,Long range planning .es needs to executiv .1225 .p:27

Concepts of strategic managemen .1992 .Lioydl ,Bayrs -tformulation and : implementation" 3ed, New York: Harper Collins publishers.

- Bowman,c liff. 1990. The essence of strategic management, Englewood cliffs, N..: prentice Hall.

إدارة الأزمة

Crisis management

مقدمة:-

إنّ مما لا شك فيه أنّ الإداري التربوي يجب أن يمتلك كثيراً من المهارات التي تمكنه من التعامل المسؤول مع المواقف المختلفة، ولعلّ من أعسر المواقف التي يمكن أن تواجه هذا الإداري هو "الأزمة"، وذلك لسببين أساسيين هما:-

عنصر "التهديد" الذي تحمله الأزمة عادة، وعنصر "ضيق الوقت" حيث لا يتوفر الوقت الكثير لاتخاذ القرارات المهمة الكفيلة بالتغلب على الأزمة أو تقليل تأثيراتها السلبية على الأقل.

ولعلنا لا نبالغ إذا قلنا بأنّ الإداري التربوي في العصر الحاضر يواجه العديد من الأزمات التي قد تكون بسيطة وذات تأثيرات وقتية إجمالاً أو قد تكون مستحكمة وذات تأثيرات بعيدة المدى.

إنّ الحقائق السالفة التي أشرنا إليها بشأن الأزمة، وإدارتها تملي على المؤسسات التربوية مزيداً من الوعي بالموضوع، ودراسته من الجوانب المختلفة دائماً وبأساليب ومنهجيات مختلفة، كما يملي على وزارة التربية والتعليم أن تضمن موضوع " إدارة الأزمة في برامجها التدريبية الخاصة بالمديرين في مواقعهم المختلفة انطلاقاً من أنّ تجاهل الموضوع أو عدم إعطائه ما يستحق من عناية قد يقود إلى نتائج وخيمة بالفعل، ولعلّ من حسن الحظ أنَّ هذا الموضوع أخذ ينال حقه من الاهتمام في الجامعات والمراكز البحثية حيث يتوفر على دراسته الكثير من الباحثين وطلبة الدراسات العليا، الأمر الذي يفترض أن يقود إلى تجليته، وتوضيح أبعاده بما يمكّن الممارسين المعنيين من توظيف نتائج هذه الأبحاث والدراسات والإفادة منها إلى أقصى حد في ترشيد القرارات ذات العلاقة.

مفهوم الأزمة:-

هناك تعريفات كثيرة للأزمة، فقد عرفها عبيد 1993 مثلاً على أنها " حدث فجائي غير متوقع يتضمن عنصر المفاجأة،" وعرفها العماري 1993 على أنها "وصول عناصر الصراع في علاقة ما إلى المرحلة التي تهدّد بحدوث تحول جذري في طبيعة هذه العلاقة مثل التحول من السلم إلى الحرب في العلاقة الطبيعية بين الدول، وكالتفسخ في علاقات التحالف، والتصدع في تماسك

المنظمات الدولية". وأما صبحي فقد رأى أنّ الأزمة "موقف أو وضع يمثل اضطراباً للمنظومة صغرى كانت أو كبرى، ويحول دون تحقيق الأهداف الموضوعة، ويتطلب إجراءات فورية للحيلولة دون تفاقمه، والعود بالأمور إلى حالتها الطبيعية".

ويتضح من استعراض التعريفات المختلفة أنّ الأزمة حدث فجائي يحمل في طياته تهديداً ما للمؤسسة ويحتاج إلى جملة إجراءات سريعة وفعالة لتجاوزه، أو على الأقل للتقليل من سلبية آثاره.

ويشير الشكل التالي إلى الجوانب الأساسية لمفهوم الأزمة:-

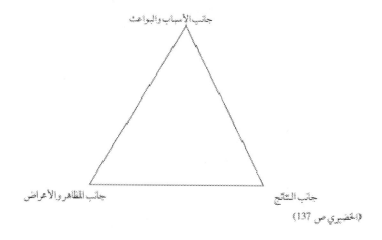

(الخضيري ص 137)

ولعلّ من الأهمية بمكان في هذا السياق أن نفرّق بين ثلاثة مصطلحات غالباً ما يتم تداولها عند الحديث عن الأزمة، وهي: الأزمة، والمشكلة، والكارثة، وإذا كنا قد اتفقنا على أنّ الأزمة Crisis هي حدث مفاجئ غير متوقع يؤدي إلى صعوبة في التعامل معه، فإنّ المشكلة Problem هي عائق يحول دون تحقيق الهدف، وأما الكارثة Catastrophe أو النكبة Disaster فهي حالة مدمرة حدثت فعلاً، ونجم عنها جزء مادي أو معنوي أو كليهما معاً.

خصائص الأزمة:-

إنَّ هناك خصائص عديدة للأزمة، وقد أشار الهزايمة 2004 إلى بعض هذه الخصائص وأهمها:-

عنصر المفاجأة، والتعقيد والتشابك، ونقص المعلومات، والخوف والقلق، الحيرة والتردد في التصرف، أما "البريخت" كما ورد في الهزايمة 2004 فقد أوردها على النحو التالي:-

1- المفاجأة Surprise

2- نقص المعلومات Lack of information

3- تصاعد الأحداث erationlEvents acce

-4فقدان السيطرةLoss of control

5- حالة الذعر Panic

6- غياب الحل الجذري السريع Absence of solution

وقد لخص الخضيري 2002 خصائص الأزمة على النحو التالي:-

-1 المفاجأة العنيفة، حيث تستقطب الأزمة عادة كل الاهتمام.

-2 نقص المعلومات وعدم وضوح الرؤية.

-3 التعقيد والتشابك والتداخل والتعدد في العناصر والعوامل.

-4 سيادة حالة من الخوف قد تصل إلى حد الرعب.

كما رصد كل من ميلر وإيسكو Miller&Iscoe سمات الأزمات طبقاً للدراسات النفسية والاجتماعية وهي:-

1- إنّ موقف الأزمة يكون حاداً أكثر من كونه مزمناً.

2- إنّ الأزمة قد تتمخض عن سلوك "مرضٍ" قد يتمثل في عدم الكفاءة.

3- إنّ الأزمة تهدّد أهداف الأفراد ذوي الصلة بها، وكذلك المنظمات.

4- إنّ الأزمة موقف نسبي، حيث إنّ ما يُعتبر أزمة لجماعة أو فرد قد لا يكون كذلك لآخرين.

5- إنّ الأزمة تؤدي إلى التوتر في النواحي العضوية والنفسية، بجانب ما تؤدي إليه من قلق.

ولعلّ من الجلّي بعد تفحص الخصائص المشار إليها آنفاً أنّ الأزمة تتميز بفجائيتها، وغموض الموقف الذي يلُفها، وتشابك العوامل المسبّبة لها، والتأثيرات الناجمة عنها، فضلاً عما يكتنفها من خوف وتردد وحيرة فيما يتعلق بسبل التعامل معها.

أبعاد الأزمة:-

إنّ هناك أبعاداً عديدة للأزمة، وقد حدّدها "وينر وكاهن" Weiner&Kahn .

كما ورد في صبحي 2005 على النحو التالي:-

1- تُعتبر غالباً تحولاً في تتابعات ظاهرة من الحوادث والأفعال.

2- تُعد موقفاً يتطلب من المشاركين درجة عالية من العمل والأداء.

3- تهدّد الأهداف والغايات، وبخاصة تلك المتصلة بأعضاء المنظمة.

4- تتبع بنواتج هامة تشكل تبعاتها مستقبل أعضاء المنظمة.

5- تتكون من حوادث متقاربة تنتج عنها مجموعة من الظروف.

6- تؤدي إلى الحيرة وعدم التثبت في تقويم الموقف ووضع بدائل للتعامل معه.

7- تقلّل من التحكم في الأحداث وتأثيراتها.

8- تزيد درجة الإلحاح التي تنتج عن القلق بين المشاركين.

9- تُعتبر فرصة تكون فيها المعلومات المتاحة للأعضاء غير الملائمة.

10- تزيد ضغوط الوقت بالنسبة للأعضاء.

11- تتميز بتغييرات في العلاقات بين أعضاء المنظمة.

12- ترفع درجة التربويين الأعضاء، وبخاصة في الأزمات المتصلة بالسياسات بين القوى الداخلية وبين القوى الخارجية.

والواقع أنّ المتأمل في هذه الأبعاد يجد أنها لا تختلف في جوهرها عن الخصائص فهي تتمحور حول كون الأزمة مجموعة حوادث متتابعة، معقدة، مهدِّدة، لها انعكاسات مقلقة، غير واضحة بما فيه الكفاية، وتتطلب من ذوي العلاقة درجة عالية من الجاهزية وحسن الأداء.

أسباب الأزمة:-

إن أسباب نشوء الأزمة قد تكون أسباباً إنسانية متمثلة في سوء الفهم والإدراك ، أو أسباباً إدارية متمثلة في ترهل المؤسسة وعجز نظم الاتصال، أو أسباباً وظيفية متمثلة في عدم الاختيار الموفق للعاملين، وغياب نظم تحفيزهم فضلاً عن عدم توفر وصف دقيق للأعمال والمهمات Job description المطلوبة منهم، وقد أشار أحمد 2002 إلى هذه الأسباب على النحو التالي:-

1- أسباب خارجية كالزلازل والبراكين.

2- ضعف الإمكانيات المادية والبشرية.

4- تجاهل إشارات الإنذار المبكر.

4- عدم وضوح أهداف المنظمة، وقد يترتب على ذلك عدم وضوح الأولويات، وغياب الموضوعية عند تقييم الأداء، وقلة معرفة العاملين بالأدوار المطلوبة منهم، وعدم وضع خطط لمواجهة تحديات المستقبل، والتباطؤ في التعامل مع الأزمات بمجرد ظهورها.

5- الخوف الوظيفي وما ينتج عنه مثل غياب المشاركة والتغذية الراجعة، وضعف الثقة بين الزملاء، وانهيار نظام الاتصال داخل المنظمة.

6- صراع المصالح بين العاملين.

7- ضعف نظام المعلومات ونظام صنع القرارات.

8- القيادة الإدارية غير الملائمة.

9- عدم إجراء مراجعة دورية للمواقف المختلفة.

10- عدم الاهتمام بالتنمية الفردية.

11- ضعف العلاقات بين العاملين.

12- وجود عيوب في نظم الرقابة والاتصال والمعلومات.

13- عدم ملاءَمة التخطيط والتدريب والتنمية.

وعلى وجاهة الأسباب السالفة وأهميتها فإنّ من الواضح أن بعضها لا يمكن أن يسبّب أزمة بالمعنى الاصطلاحي منفرداً، ولكنه يمكن أن يؤدي إلى ذلك بالتفاعل مع الأسباب الأخرى نضعف الإمكانية المادية أو البشرية مثلاً قد لا يتسبب في أزمة ولكن إذا تزامن مع عوامل أخرى مثل صراع المصالح، أو غياب الإدارة الكفُؤة فإنه قد يؤدي إلى نشوء أزمة بالفعل.

مراحل الأزمة:-

لقد أشار الخضيري 2002 إلى مراحل الأزمة على النحو التالي:-

1- مرحلة بؤرة الأزمة: أيّ المصدر الرئيسي الذاتي أو الخارجي.

2- مرحلة إيجاد المناخ المحابي أو توافره كالعمل على سيادة حالة من اللامبالاة، وحالة من الاغتراب، وانفصام العلاقات.

3- مرحلة استخدام العوامل المساعدة.

4- عدم إحساس وتغاضي عن بوادر الأزمة.

5- سيادة مظاهر التوتر والقلق.

5- حدوث العامل المرتقب: وهو المفجّر للكتلة الحرجة المتراكمة، والمفجر لإجمالي مخزون الأزمة.

7- انفجار الأزمة.

ولعلّ من الواضح أن هذه المراحل متداخلة، أيّ لا تحدث بشكل تراتبي بحيث يقود أحدها إلى الآخر.

أنواع الأزمة:-

لقد تم تصنيف الأزمات من زوايا عديدة، فطبقاً للتصنيف الذي أورده أحمد 2003 مثلاً يمكن تقسيم الأزمات حسب ما يلي:-

أ- حسب شدة أثرها بمعنى أنها إما أن تكون شديدة الأثر بحيث يصعب التعامل معها، وإمّا أن تكون محدودة الأثر بحيث يسهل التعامل معها.

ب- حسب المستوى عالمي،و إقليمي، ومحلي .

جـ- حسب البعد الزمني أزمات متكررة الحدوث بحيث يمكن توقعها، أو أزمات مفاجئة يصعب توقعها .

د- حسب المراحل أزمة في مرحلة النشوء، أزمة في مرحلة التعقيد، أزمة في مرحلة الاكتمال، أزمة في مرحلة الزوال .

هـ- حسب الآثار الناجمة أزمات ليس لها آثار جانبية ذات أثر مباشر معروف، وأزمات لها آثار جانبية، ومضاعفات غير مباشرة .

والواقع أن التصنيفات الأخرى لم تختلف في المضمون عن هذا التصنيف، وإن كانت قد اختلفت عنه أحياناً في التعبير عن هذا المضمون.

إدارة الأزمة:-

قبل الشروع في الحديث عن خطوات إدارة الأزمة يجدر بنا أن نوضح الفرق بين مفهومين أساسيين في هذا السياق وهما: إدارة الأزمة Crisis management والإدارة بالأزمة Management by crisis .

أما إدارة الأزمة، فهي حسب الهزايمة 2004 مجمل الجهود والتهيئة الإدارية لمواجهة الأزمة المحتملة أو الفعلية من خلال التخطيط والتنظيم والرقابة على جميع المتغيرات المساهمة في حصول

الأزمة، ومحاولة السيطرة عليها وتوجيهها بما يخدم التخفيف من الأزمة أو إزالتها، أما الإدارة بالأزمة فهي حسب بو عزة 1995 تقوم على افتعال الأزمات وإيجادها بوصفها وسيلة للتغطية والتمويه على المشاكل التي تواجه النظام الإداري، وبعبارة أخرى فإنّ إدارة الأزمة هي إدارة طبيعية تتوسل تجنيد جميع الطاقات والوسائل مع وضع طارئ للسيطرة عليه وتقليل ما يمكن أن يتمخض عنه من سلبيات.

أما الإدارة بالأزمة فهي إستراتيجية معينة للتعامل مع المشكلات التي يواجهها الإداري من خلال التغطية والتمويه.

ومن الجدير بالذكر أن هناك أربعة مواقف يمكن أن تشخصها الإدارة من الأزمة وهي:-

1- أن تقف الإدارة موقفاً سلبياً وتتجاهل الأزمة.

2- أن تدرك الإدارة حقيقة الأزمة ولكنها تفشل في مواجهتها بالأسلوب المناسب.

3- أن تدرك الإدارة حقيقة الأزمة ولكن قصور الإمكانيات المادية والبشرية يؤديان إلى تفاقم الأزمة.

4- أن تدرك الإدارة حقيقة الأزمة وتقوم بمواجهتها بالأسلوب المناسب وبشكل سريع للحد من الخسائر.

وبغض النظر عن كل ما سبق فإنّ الإدارة لا بد أن تقوم بما يلي في حال نشوب الأزمة:

1- نقل الصلاحيات إلى هيئة مركزية تستطيع السيطرة على الموقف.

2- توزيع العمل على مجموعات داخل الهيئة المركزية بحيث تكون فريقاً متكاملاً وبحيث تُعطي جميع الصلاحيات اللازمة.

3- فتح خطوط الاتصال بين مجموعات العمل وحشد جميع الإمكانيات للتعامل مع الموقف.

4- إنشاء لجنة عمل ميدانية لتقصي الحقائق ومتابعة تنفيذ الخطط.

أما خطوات إدارة الأزمة فهي كما يلي:-

- توفير معلومات دقيقة لدى المدير.

- التثبت من أنّ ردود الفعل تناسب الفعل كمّاً ونوعاً واتجاهاً.

- الاستعداد بعد الرد مباشرة لمواجهة موقف جديد قد يتخذه الطرف الآخر.

- إبقاء الهدف الاستراتيجي واضحاً ومحدوداً.

- الإدراك الوافي لحقيقة أنّ أية أزمة تجري في أوضاع وموازين محلية وإقليمية وعالمية لا بدّ أن يضعها صاحب القرار بالحسبان.

وقد جعل الصيرفي 2003 هذه الخطوات على شكل مراحل وعلى النحو التالي:-

1- اكتشاف إرشادات الإنذار، بمعنى استكشاف الإنذار المبكر واتخاذ ما يلزم للحد من أسباب الأزمة.

2- الاستعداد والوقاية: بمعنى النشاط الهادف إلى توفير الإمكانيات القدرات وتدريب الأفراد للتعامل مع الأزمة.

3- احتواء الأفراد أو الحد منها: بمعنى تنفيذ الخطة التي سبق وأن تم وضعها في المرحلة السابقة لتقليص الأضرار الناجمة عن الأزمة.

4- استعادة النشاط: بمعنى اعتماد خطط طويلة وقصيرة الأجل لإعادة الأوضاع إلى ما كانت عليه قبل الأزمة.

5- التعلم : بمعنى الإفادة من دروس الأزمة والخبرات المكتسبة من التعامل معها.

وقد لخص الخضيري 2002 هذه الخطوات أو المراحل كما يلي:-

1- تقدير الموقف الأزموي.

2- تحليل الموقف الأزموي.

3- التخطيط العلمي للتدخل.

4- التدخل لمعالجة الأزمة.

ويوضح الشكل التالي هذه الخطوات.

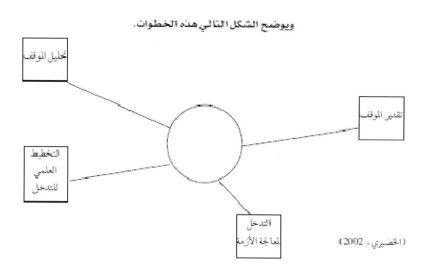

(الخضيري، 2002)

ومن البديهي أنّ الحديث عن إدارة الأزمة يقود إلى الحديث عن طرق إدارتها،وهي في العادة تنقسم إلى طرق تقليدية تتمثل في إنكار الأزمة، أو كبتها، أو تشكيل لجنة لبحثها، أو بخسها، أو تنفيسها، أو تفريغها، أو عزلها، أو إخمادها، أما الطرق الحديثة فتتمثل فيما يلي:-

- طريقة فريق العمل الدائم أو المؤقت .
- طريقة المشاركة الديمقراطية للتعامل مع الأزمة.
- طريقة احتواء الأزمة.
- طريقة تصعيد الأزمة.
- طريقة تفريغ الأزمة من مضمونها.

ولعلّ مما يجدر ذكره هنا أنّ التدخل الإداري الحصيف في التعامل مع الأزمة يتوقف في الواقع على عاملين مهمين هما:-

1- حجم الأزمة وعمقها وتغلغلها داخل الكيان الإداري.

2- منعة الكيان الإداري وقدرته على تحمل آثار ونتائج الأزمة.

ومما لا شك فيه أنّ الإداري قد يستخدم أدوات عديدة لمعالجة الأزمة أهمها:-

- إدارة الوقت e managementmTi
- إدارة الموقفon managementti Situa
- إدارة الصدمات Shocks management
- إدارة المشاكل Problems management
- إدارة التوافق Coexistence management
- إدارة رد الفعل Reflection feedback management

وقد أشار الخضيري 2002 إلى ما أسماه الوصايا العشر في التعامل مع الأزمات وهي:-

1- توخي الهدف.

2 -الاحتفاظ بحرية الحركة وعنصر المبادرة.

3- المباغتة.

4- الحشد.

5- التعاون.

6- الاقتصاد في استخدام القوة.

7- التفوق في السيطرة على الأحداث.

8- الأمن والتأمين للأرواح والممتلكات والمعلومات.

9- المواجهة السريعة والتعرض السريع للأحداث.

10- استخدام الأساليب غير المباشرة كلما كان ذلك ممكناً.

الأزمة في مجال التعليم:-

لقد كتب تربويون كثر عن أزمة التعليم كما فعل كومبز في كتابه أزمة العالم التعليمية ، وحسب رأيه فإن من مظاهر هذه الأزمة: زيادة الإقبال على التعليم، ومحدودية الموارد، وجمود الأنظمة التعليمية، وعدم إفادة المجتمعات من هذه الأنظمة، وقد أرجع "كومبز" هذه الأزمة إلى الفيضان الطلابي، ونقص الموارد، وزيادة الكلفة التعليمية، وعدم ملاءمة المخرج التعليمي، والقصور الذاتي وعدم الكفاية.

وقد تطرق "إيفان إيلتش" في معرض حديثه عن اللامدرسية Deschooling إلى عدد من مؤشرات الأزمة التعليميمة أهمها:-

- ارتفاع نسبة التسرب من التعليم.
- ترك معلمي المدارس لمدارسهم.
- تزايد الشعور بالإحباط عند التلاميذ والمعلمين.
- عجز المدارس عن تأدية وظائفها.
- تحول هدف التعليم إلى استئناف الناشئة وتطبيعهم للتوافق مع المجتمع.
- عدم استطاعة التعليم في المجتمع الأمريكي تقديم التعليم الإلزامي للناشئة في ظل التطورات التكنولوجية.

وغير بعيد عن هذا رأي "باولو فريري" رائد التربية التحريرية القائل بأنّ التعليم في العالم الثالث ما زال يكرس حالة التخلف كما كان عليه الحال في عهد الاستعمار.

إدارة الأزمة في السياق التربوي:-

إذا اتفقنا على أنّ الأزمة هي موقف فجائي يخلق اضطراباً في المؤسسة ويحول دون تحقيق الأهداف ويتطلب إجراءات سريعة وفعالة للعودة بالموقف إلى الوضع الأصلي فإنّ المؤسسة التربوية قد

تشهد مثل هذه الأزمات، وبالتالي لا بدّ للإدارة التربوية من أن تتحسب لمثل هذه المواقف وتعدُّ نفسها وتتدرب للتعامل معها.

والواقع أنّ الإدارات التربوية بشكل عام ينقصها الوعي بالمفهوم أولاً، وليس سراً أن تربويين كثيرين ينكرون وجود أزمات يمكن أن تواجهها الإدارة التربوية أصلاً، ولذا لا بدّ من التركيز على تجلية المفهوم لهم أولاً، ثم لا بدّ من تعريفهم بأنماط الأزمات التي يمكن أن يواجهوها واستراتيجيات التعامل معها.

إنّ المؤسسة التربوية تعيش وسط عالم مضطرب فالحروب والهجرات والكوارث الطبيعية والفيضانات الطلابية كلها أمثلة على أزمات تواجهها دول كثيرة في عالم اليوم، وتتطلب بالتالي عن الإدارات التربوية القائمة فيها أن تتعامل معها بمنطق من يفهم طبيعتها وأبعادها أولاً، وبمنطق من يعرف آليات معالجتها بفعالية.

ولعلّنا لا نبالغ إذا قلنا بأن إدارة الأزمة في المؤسسة التربوية يتطلب في عالم اليوم تعميم برامج تدريبية تعمل على تزويد الإداريين التربويين بالمهارات والكفايات اللازمة للتعامل مع الأزمات من تركيز الصلاحيات في يد هيئة أو لجنة مركزية يتم تفويضها، وفتح خطوط الاتصال بين مجموعات العمل المختلفة مع التأكيد على توفير المعلومات، والمحافظة على الهدف الاستراتيجي، والحرص على توفير عناصر القوة من مبادرة، وحشد وتعاون ....الخ.

ولعلنا يجب أن نشير في النهاية إلى أن الأزمات التي تواجهها الإدارات التربوية قد لا تتسم دائماً بالمفاجآت ولكنها بالتأكيد تتسم بالتعقد والعمق والحاجة إلى حلول منهجية ومتكاملة، ومن هنا تأتي ضرورة فهم خصوصية إدارة الأزمة التربوية من قبل الإداريين التربويين المكلفين بالتعامل معها.

المراجع باللغة العربية:-

- الخضيري ، محسن. 2002 إدارة الأزمات، القاهرة، مجموعة النيل العربية.

- أحمد، أحمد إبراهيم. 2003 ، إدارة الأزمة التعليمية، منظور عالمي، ط1، الإسكندرية، دار الوفاء لدنيا الطباعة والنشر.

- صبحي ، أحمد إسماعيل. 2005 ، الإدارة التعلمية والإدارة المدرسية، القاهرة، دار الفكر العربي.

- أحمد، أحمد إبراهيم. 2002 ، الإدارة التعليمية بين النظرية والتطبيق، الإسكندرية، مكتبة المعارف الحديثة.

- الصيرفي، محمد عبد الفتاح. 2003 ، مفاهيم إدارية حديثة، عمان، الدار العلمية الدولية للنشر والتوزيع.

- حافظ، هنداوي. 1994 ، إدارة الأزمة التعليمية: المفهوم والنظرية، المؤتمر السنوي الثاني للجمعية المصرية للتربية المقارنة والإدارة التعليمية "إدارة التعليم في الوطن العربي في عالم متغير" 2224 يناير.

- الهزايمة، وصفي. 2004 ، القيادة وإدارة الأزمات التربوية، إربد، عالم الكتب الحديث.

- فريدي باولو. 1980 ، تعليم المقهورين، ترجمة عبد السلام رضوان، الكويت، عالم المعرفة.

- عبيد، عاطف. 1993 . خطة تربية لمواجهة الكوارث الطارئة، مجلة الإدارة، مجلد، 25 ، عدد 4 ، ص9.

- العماري، عباس رشدي 1993 ، إدارة الأزمات في عالم متغير ، القاهرة مركز الأهرام للترجمة والنشر.

- بو عزة، عبد المجيد وزملاؤه. 1995 . المعلومات ودورها في اتخاذ القرارات وإدارة الأزمات، المجلة العربية للمعلومات، مجلد 16 ، عدد 2 ، ص 16.

المراجع باللغة الإنجليزية:-

When crisi .1994 ,Melissa ,Caudle -s .II .No,16 .vol ,strikes Executive Educator

.S.U .313999 Ed ,Eric "Effective Crisis management at the smaller campus ,1989 ,Robert ,Dewitt -
.Pennsylvania

-Gendron, George , 1996. The Education Crisis" Education Digest, vol. 18, No. 12,p .2

A.H. weintr and kahn,1962. Crisis and Arms control Harmon Harmon on Hudson, N.Y.

- Wellcam H. Slrarhucket. al. 1988. Responding to Crisis, publish in the strategy process, prentice Hall Intc., New Jersey, PO. 695 .

-Godet, M. 1997. The Crisis in forecasting and the emergence of the prospective " approach. Pergamon press, New York .

-Herman,J. 1994. Crisis management: a guide to school and action taken. Corwin press .California .Inc

A ,Linchtenstein -.Educati ,Expecting the unexpected :School Crisis response .1994 o ,3 ,52 ,nal leadership .7983 .pp

secondary Strategies for Crisis management in the schools national association of .1990 .A.A ,Thompson - school principals. "Nassp Bulleti,n 74, 3, pp. 5458.0

الولاء التنظيمي
Organizational commitment

مقدمة:-

إنّ مما لا شك فيه أن الولاء للمؤسسة هو متطلب أساسي لتوفير الفاعلية في العمل، وبالتالي الإنتاجية وتحقيق الأهداف، ذلك أنّ الولاء - إذا تحقق- يقود حكماً إلى البذل والعطاء والتفاني في سبيل المؤسسة، ومن هنا تحرص كافة المؤسسات ممثلة بمديريها على تكريس الولاء وتدعيمه، ولعلّ من الطبيعي أنّ ضمان ولاء العاملين لا يتأتي بسهولة بل لا بد لضمانه من أن تقوم المؤسسة بإشباع حاجات العاملين بمختلف مستوياتها، ومن هنا تصبح المسألة تبادلية بمعنى أن المؤسسة تحرص على الفرد وتشبع حاجاته المختلفة من جهة، ويتجذر ولاء الفرد انتماءَه للمؤسسة بالمقابل فيقوم بعمله مندفعاً، متحمساً باذلاً أقصى ما يستطيع لتحقيق أهداف المؤسسة وطموحاتها وتطلعاتها.

إنّ مفهوم الولاء قديم في العلوم الإنسانية، ولكنه حديث في المجال الإداري، إذ لم يحظ بالاهتمام إلا بعد ظهور المدرسة السلوكية التي أكدت على أهمية العلاقات الإنسانية ودورها الحيوي في مجال التنظيمات المختلفة.

ولقد أظهرت بعض الدراسات علاقة إيجابية بين الولاء التنظيمي وبين كل من العمر والأقدمية، والمهارة في العمل، كما أظهر بعضها الآخر أن الولاء يتمخض بالنسبة للعاملين في المؤسسة عن الأداء المتميز في العمل والرغبة في الاستمرار، ولقد دلّ النمط الياباني في الإدارة على أنّ ولاء العامل الياباني هو للتنظيم، الأمر الذي أدى إلى تدني نسبة الغياب، وارتفاع الروح المعنوية، وجودة الأداء.

مفهوم الولاء التنظيمي:-

لقد ورد في المعجم الوسيط أن الولاء في اللغة هو " العهد والقرب والمحبة والالتزام والنصرة"، ويرادف معنى الولاء معنى الانتماء Devotion والانتساب Belonging alteration ، ومن الواضح أنه يحمل معنى الارتباط والتماسك، وإذا تجاوزنا هذا المعنى اللغوي إلى المعنى الاصطلاحي فقد عرّفه "يوشنان" كما ورد في المعاني 1996 ، على أنه "اقتران فعال بين الفرد والمنظمة، بحيث يبدي الموظفون الموالون لها رغبتهم في خدمتها بغض النظر عن المردود الذي يحصلون عليه منها، كما عُرّف الولاء على أنه حالة يتمثل في الفرد قيم وأهداف المنظمة، ويرغب في المحافظة على عضويته فيها لتسهيل تحقيق أهدافه، ويتضح مما سبق أن الولاء التنظيمي حالة نفسية تؤثر على قرار الفرد البقاء في التنظيم أو تركه، فضلاً عن أنه متعدد الأبعاد.

ويرى زاهرة، Zahra كما ورد في المدهون 1995 أنّ الولاء التنظيمي يتمثل في ثلاثة سلوكات هي:

1- قبول الموظف التام للأهداف والقيم التنظيمية.

2- استعداده لبذل جهود استثنائية لمصلحة التنظيم للوصول إلى الأهداف.

3- الرغبة الصادقة في المحافظة على الانتماء والعمل بفاعلية وبشكل دائم.

خصائص الولاء التنظيمي:-

لقد أورد السالم وحرحوش 9119 بعض خصائص الولاء التنظيمي كما يلي:

1- الولاء التنظيمي حالة غير ملموسة يُستدل عليها من بعض الظواهر والسلوكات الخاصة بالعاملين.

2- الولاء التنظيمي محصلة لتفاعل جملة عوامل إنسانية، وتنظيمية، وإدارية.

3- لا يصل الولاء التنظيمي إلى مستوى الثبات المطلق، إلا أنّ درجة التغيير التي تحصل عليه تكون أقل نسبياً من درجة التغييرات التي تحصل في الظواهر الإدارية.

والواقع أنّ الأدبيات تشير إلى اتجاهين في فهم الولاء التنظيمي هما:-

1- الاتجاه التبادلي Exchange approach حيث تنشأ علاقة تبادلية بين المنظمة والأعضاء العاملين فيها، بمعنى أنّ المنظمة تطلب إلى العامل التفاني والإخلاص وعدم ترك الوظيفة فضلاً عن الالتزام التنظيمي، كما أنّ الفرد يطلب من المنظمة إشباع حاجاته، وهذا هو ما يُعرف بالتوازن التنظيمي Organizational equilibrium وهو ما أكد عليه كل من سايمون Simon وبرنارد Barnard .

2- الاتجاه النفسي Psychological approach والذي يرى أن هناك ارتباطاً فعالاً للأفراد بالمنظمة، دون النظر بعين الاعتبار للعوامل المادية أو المكاسب التي يمكن أن يحققها الأفراد نتيجة عملهم في التنظيمات، وهذا الارتباط يعبِّر عن نفسه بأدائهم الجيد، وقلة تغيبهم، وبقائهم في التنظيم.

ولعلّ من المناسب في هذا السياق التفريق بين مفهومي: الولاء التنظيمي والالتزام التنظيمي، حيث إنّ الأخير يعني ببساطة التزام الفرد العامل في المؤسسة بقوانينها وأنظمتها وتعليماتها وقيامه بواجباته بأفضل مستوى ممكن وبغض النظر عن رأيه الشخصي بهذه القوانين والأنظمة والتعليمات المعمول بها في المنظمة، أما الولاء التنظيمي- وكما أسلفنا- فإنه أكثر م مجرد الالتزام: إنه الإيمان بأهداف المؤسسة، والحماسة لمتطلباتها، ورسالتها، الأمر الذي يفترض أن يقود إلى عطاء متميز، وبذل استثنائي في سبيل تحقيق الأهداف.

أنواع الولاء التنظيمي:-

إنّ من المعروف أن هناك ولاءات كثيرة فهناك ولاء الإنسان لنفسه، وولائه لأهله، وولائه لوطنه، وأخيراً ولائه لعمله، ومن الواضح أن هذا الولاء الأخير هو امتداد للولاء الاجتماعي الذي يظهر جلياً في مشاعر الفرد وولائه لمجتمعه.

وقد أشار اللّوزي، 2003 إلى عدة أنواع ركائز للولاء الاجتماعي وهي:-

1- الولاء المستمر Continuous commitment : ويتمثل في تكريس الفرد لحياته في سبيل الجماعة وديمومتها.

2- الولاء التلاحمي Cohesion commitment : ويتمثل في ارتباط الفرد بعلاقات اجتماعية تتضمن تماسك وتضامن الجماعة.

3- الولاء الموجّه Control commitment : ويتمثل في ارتباط الفرد بقيم ومبادئ الجماعة والامتثال لسلطتها والمعايير التي تحددها.

مقومات الولاء التنظيمي:-

لقد أشار العديد من الباحثين المعاني، 1996، اللّوزي، 2003 إلى هذه المقومات التي يمكن استشفافها بوضوح من خلال استعراض مفاهيم وتعريفات الولاء التنظيمي وهي:

1- قبول أهداف المنظمة وقيمها الأساسية.

2- بذل أقصى جهد ممكن لتحقيق أهداف المنظمة.

3- الانخراط في العمل التنظيمي والولاء للتنظيم.

4-- الرغبة الواضحة في البقاء في التنظيم.

5- الاتجاه إلى تقويم التنظيم تقويماً إيجابياً.

ولعلّ من الواضح أنّ كل هذه المقومات ضرورية تماماً لنجاح التنظيم واستمراريته، فلا نجاح للتنظيم ولا استمرارية بدون عاملين يؤمنون بأهداف التنظيم، ويبذلون كل ما في وسعهم في العمل، ويرغبون بالاستمرار، ويميلون إلى تقويم التنظيم تقويماً إيجابياً.

وفي الإطار ذاته أشار بوشنان Buchanan إلى عدة مرتكزات للولاء التنظيمي أهمها:

1 الإحساس بالانتماء Identification وتتجلى عادة بالافتخار بالمنظمة، والاقتناع بأهدافها ورسالتها ووسائلها.

2 المشاركة الفعالة Involvement وتتجلى بمساهمة الفرد العامل في المنظمة بأنشطتها وفعاليتها المختلفة.

3 الإخلاص Loyalty ويتجلى بالرغبة من قبل الفرد في المنظمة بالبقاء فيها والتفاني في سبيل إنجاز أهدافها، وبغض النظر عن تقلب الظروف.

مراحل تطور الولاء التنظيمي:

لقد أشار بوشنان Bochanan كما ورد في المعاني 1996 إلى أنّ الولاء التنظيمي يمر بثلاث مراحل هي:-

1- مرحلة التجربة: وتمتد لعام واحد بعد مباشرة العمل يخضع الفرد خلالها للتدريب والاختبار، ويحاول التكيف مع متطلبات التنظيم، وفي هذه المرحلة تظهر تحديات العمل، وتضارب الولاء، ووضوح الدور، وبروز الجماعة المتلاحمة، وإدراك التوقعات، ونمو اتجاهات الجماعة نحو التنظيم، والشعور بالصدمة.

2- مرحلة الانجاز: وتتراوح في العادة بين عام وأربعة أعوام، وتتصف بالأهمية الشخصية والتخوف من العجز، ووضوح الولاء للتنظيم.

3- مرحلة الثقة بالتنظيم: وتبدأ في السنة الخامسة من التحاق الفرد بالتنظيم وتستمر إلى ما بعد ذلك.

مراحل تطور الولاء التنظيمي

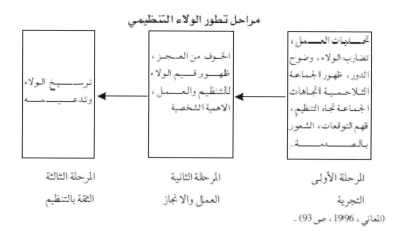

مراحل تطور الولاء التنظيمي

(المعاني، 1996، ص93).

وفي تصنيف غير بعيد عن تصنيف بوشنان Bochnan . أشار كل من مودي Mowdy وبورتر Porter إلى ثلاث مراحل للولاء التنظيمي هي: كما ورد في اللوزي 2003 :

1- مرحلة ما قبل العمل: وخلالها يتأهل الفرد للدخول في التنظيم من خلال الاستعداد واكتساب المهارات اللازمة، ومن الواضح أنّ هذه المرحلة تمتاز بمستويات مختلفة من الخبرات والميول التي تهيئ الفرد للانخراط في التنظيم.

2- مرحلة البدء في العمل: وتتمثل في اكتساب الفرد للخبرات المتعلقة بالعمل، ويكتسب الفرد خلالها خبرات تتعلق بعمله، وفي العادة يكون لها أثر كبير في تطوير اتجاهات الفرد نحو العمل وتكريس ولائه لها.

2- مرحلة الترسيخ: وفي هذه المرحلة تتكرس الاتجاهات والقيم والمعايير السلوكية التي يكتسبها الفرد من خلال التفاعل مع التنظيم.

العوامل المؤثرة على الولاء التنظيمي:-

إنّ هناك جملة عوامل تؤثر على الولاء التنظيمي إيجاباً أو سلباً، ومن العوامل المساعدة على تكوين الولاء التنظيمي ما يلي:

1- وضوح الأهداف.

2- إشباع حاجات العاملين.

3- المكانة الاجتماعية.

4- نمط القيادة.

5- مشاركة العاملين.

6- بناء الثقة التنظيمية.

7- تطوير نظام حوافز فعال.

8- الرضا الوظيفي.

9- المناخ التنظيمي.

10- التطبيع التنظيمي.

وقد صنفها البعض في عوامل شخصية متصلة بالفرد العامل في التنظيم، وأخرى تنظيمية متصلة بالتنظيم الذي يعمل فيه الفرد.

أما العوامل التي يمكن أن تعوق الولاء التنظيمي كما أشار إليها جواد، 2000 فهي كما يلي:

1- صدور تعليمات غامضة وغير محددة.

2- سوء توزيع العمل.

3- الإخفاق في اعتماد مبدأ الثواب والعقاب.

4- الفشل في التعبير عن السياسات الخاصة بالعمل.

وقد رأى الحرفة، 1980 أن أسباب ضعف الولاء التنظيمي قد تعود إلى ما يلي:-

1- تقصير الإدارة في إقناع العاملين بأهمية أعمالهم وكونهم نافعين للمجتمع.

2- عدم وضوح مبدأ الرجل المناسب في المكان المناسب.

3- الشعور بالقلق وعدم الاستقرار والتوتر.

4- ضآلة فرص الترقي في المنظمة.

وبالطبع فإنّ ضعف الولاء التنظيمي قد يأخذ أشكالاً ومظاهر كثيرة مثل: الشعور باللامبالاة، والغياب عن العمل، وكثرة حالات التشكي، وتدني الروح المعنوية.

ومن الجدير بالذكر أن عدداً من الباحثين قد عالجوا موضوع تكوين الولاء التنظيمي والعوامل المؤثرة فيه من خلال نماذج عديدة من أهمها: نموذج ستيرز Steersالذي تبنى مفهوم التنظيم حيث صنف هذه العوامل في مجموعات على النحو الذي يبنيه الشكل التالي.

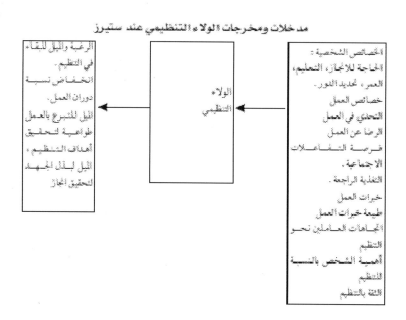

مدخلات ومخرجات الولاء التنظيمي عند ستيرز

(المعاني، 1996)

كما قدم كل من مارش وماناري March&Manaryنموذجاً آخر أوضحا فيه العوامل التي تساعد على تكوين الولاء التنظيمي وأثر ذلك في التنظيمات اليابانية، وهو لا يختلف في جوهره عن نموذج ستيرز Steers.

ولعل من الواضح أن هناك جملة عوامل: شخصية, تعليم الفرد وعمره ودافعيته ، وخاصة بالعمل طبيعة العمل, والرضا عن العمل، والتغذية الراجعة تتفاعل معاً كمدخلات كي تقود إلى تكوين الولاء التنظيمي، والذي بدوره يؤدي إلى مخرجات معينة أهمها: الرغبة في الاستمرار في التنظيم, وتضاؤل نسبة الغياب, والفاعلية, وارتفاع الروح المعنوية.

قياس الولاء التنظيمي:-

لقد طوّر الباحثون عدة مقاييس لقياس الولاء التنظيمي أهمها:-

1Porter et.al - مقياس بورتر وزملاؤه

2Cook Wall - مقياس كوك وول.

3Rosenhohzs - مقياس روسنهوز

ولعلّ أهمية عملية قياس الولاء التنظيمي تكمن في أنها توفر مؤشرات معقولة على مستوى الأداء الوظيفي، والواقع أن إدارة التنظيم يمكن أن تعتبر هذه المؤشرات أداة للتعرف على الإشكاليات التي تواجهها الإدارة، فضلاً عن أنها - أي الإدارة- يمكن أن توظف هذه المؤشرات لرفع مستوى الولاء التنظيمي من خلال عدة سياسات وإجراءات تتخذها.

والواقع أن معايير قياس الولاء التنظيمي تقسم إلى نوعين:

أ- المعايير الموضوعية: أيّ قياس الولاء التنظيمي من خلال الآثار السلوكية, وذلك باستخدام وحدات قياس موضوعية تبين مدى رغبة الفرد بالبقاء في التنظيم, ودوران العمل, وكثرة الحوادث.

ب- المعايير الذاتية: أيّ قياس الولاء التنظيمي بواسطة أساليب تقديرية توضح تقدير العاملين لدرجة ولائهم, وهذه يمكن أن تؤدي إلى بلورة مؤشرات معينة تكشف مستوى الولاء التنظيمي.

ومن الجدير بالذكر أن دراسات وأبحاث كثيرة تصدت ليس فقط لقياس الولاء التنظيمي بل لدراسة علاقة هذا الولاء بعدد من المتغيرات مثل علاقته بالروح المعنوية حيث أكدت أن الولاء التنظيمي يؤدي إلى ارتفاع الروح المعنوية، ومثل علاقته بالأداء الإبداعي حيث أشارت دراسة للمعاني مثلاً 1981 إلى أن الولاء التنظيمي كان أحد معوقات الإبداع الوظيفي لدى العاملين في مؤسسة التدريب المهني، مثل علاقته بالتسرب حيث أشارت إلى أنّ التسرب قد يحدث نتيجة لضحالة الولاء التنظيمي.

ومثل علاقته بالمكانة الاجتماعية حيث أشارت إلى أنّ الولاء التنظيمي لدى الأفراد في المنظمات اليابانية هو أقوى من مثيله من الأفراد في منظمات الأعمال الأمريكية والبريطانية، الأمر الذي يمكن أن يعود إلى المكانة الاجتماعية التي يحظون بها والمتحصلة عن وجود قوانين وتشريعات تضمن الاستمرار في منظماتهم مدى الحياة، ومثل علاقته بالمناخ التنظيمي حيث أشارت دراسة الحديدي 2003 إلى علاقة ارتباطية بين المناخ التنظيمي والولاء التنظيمي.

الولاء التنظيمي في السياق التربوي:-

إن خلق وتكريس الولاء التنظيمي مسألة غاية في الأهمية في المؤسسة التربوية، وذلك بالنظر إلى ما تؤدي إليه من تحقيق فعال للأهداف التربوية المرسومة, وإذا تذكرنا أن العمل التربوي هو رسالة تتطلب التفاني والتضحية أدركنا أهمية توفر عنصر الولاء للوفاء بها، وبخاصة أن العوائد المادية للعمل التربوي توافقه إجمالاً.

إن تدعيم ولاء التربويين لمؤسستهم تعتمد إلى درجة غير قليلة على الإداريين التربويين فهم الذين يجب أن يضعوا الأهداف الواضحة، وهم الذين يجب أن يحددوا نظم المكافآت والحوافز، وهم الذين يجب أن يتبنوا النمط الإداري الديمقراطي الذي يقوّي ولاء التربويين للمؤسسة التربوية ويرسخها، ولا بد من الإشارة في هذا الإطار إلى أهمية أن يكون الإداري التربوي نفسه قدوة وأنموذجاً في العمل والعطاء, إذ لا معنى لمطالبة العاملين بالولاء بينما الإداري نفسه لا يؤمن به ولا يطبقه فعلياً.

إن الإداري التربوي يجب أن يعي أنه قد لا يستطيع أن يفعل الكثير إزاء العوامل الشخصية المؤثرة في الولاء التنظيمي, ولكنه بالتأكيد يستطيع أن يفعل الكثير فيما يتعلق بالعوامل التنظيمية التي هي مسؤوليته إلى حد كبير في الواقع.

ولعل مما تجدر الإشارة إليه في هذا الموضوع أيضاً مسؤولية الإدارة التربوية في قياس الولاء التنظيمي بين فترة وأخرى للتأكد من أنه قائم أولاً، ولتبين درجة قوته ثانياً الأمر الذي يفترض أن يقود إلى اتخاذ الإجراءات الضرورية الكفيلة بضمان توفره واستمراريته.

المراجع

المراجع باللغة العربية:-

- المعاني، أيمن. 1996 ، الولاء التنظيمي: سلوك منضبط وإنجاز مبدع- عمان- مركز أحمد ياسين.

- جواد، شوقي. 2000 ، سلوك تنظيمي، ط، عمان، دار الحامد.

- اللوزي، موسى. 2003 ، التطوير التنظيمي: أساسيات ومفاهيم حديثة، ط2، عمان، دار وائل للنشر.

- الحديدي، ضحى. 2003 ، المناخ التنظيمي السائد في المدارس المهنية في الأردن وعلاقته بتخصص مدير المدرسة والولاء التنظيمي للمعلمين وبناء تصور جديد للمناخ التنظيمي في هذه المدارس، رسالة دكتوراة غير منشورة، جامعة عمان العربية للدراسات العليا،عمان.

- أنيس، إبراهيم. 1960 ، أثر الولاء التنظيمي على الإبداع الإداري لدى المديرين في الوزارات الأردنية، رسالة ماجستير غير منشورة، الجامعة الأردنية، عمان.

- ردايدة، صالح. 1988 ، الولاء التنظيمي وعلاقته بالإنتاجية لدى أعضاء هيئة التدريس في كليات المجتمع الحكومية، رسالة ماجستير غير منشورة، جامعة اليرموك، إربد، الأردن.

- القطان، عبد الرحيم. 1987 ، العلاقة بين الولاء التنظيمي والصفات الشخصية والأداء الوظيفي، المجلة العربية للإدارة، مجلد "11"، عدد2.

- الحرفة، حامد. 1980 ، موسوعة الإدارة الحديثة، بيروت، الدار العربية للموسوعات.

- السلمي، علي. 1976 ، السلوك الإنساني في الإدارة، القاهرة، مكتبة غريب.

- القريوتي، محمد قاسم. 1993 ، المفاهيم الإدارية الحديثة، ط3، عمان.

- المغربي، كامل. 1995 ، السلوك التنظيمي: مفاهيم وأسس سلوك الفرد والجماعة في التنظيم، عمان، دار الفكر للطباعة والنشر والتوزيع.

- الرواشدة، خلف. 1995 ، أثر الولاء التنظيمي لمديري المدارس على علاقاتهم مع المعلمين من وجهة نظر المعلمين في محافظة جرش، رسالة ماجستير غير منشورة، جامعة اليرموك، إربد، الأردن.

- العضايلة، علي. 1995 ، الولاء التنظيمي وعلاقته بالعوامل الشخصية والتنظيمية، مؤتة للبحوث والدراسات، المجلد 10 ، العدد 6 ، جامعة مؤتة، الأردن.

- المخلافي، محمد. 2001 ، أهمية الولاء التنظيمي والولاء المهني لدى أعضاء هيئة التدريس في جامعة صنعاء وكليا التربية، مجلة جامعة دمشق، المجلد 17 ، العدد 2 .

- الطعانة، محمد، وعبد الحليم، أحمد. 1997 ، أثر العوامل الشخصية والتنظيمية في بناء الولاء التنظيمي كما يراها العاملون في وحدات القطاع العام في الأردن، منشورات مركز الدراسات الأردنية ، جامعة اليرموك.

- العتيبي، آدم. 1993 ، أثر الولاء التنظيمي والعوامل الشخصية على الأداء الوظيفي لدى العمالة الكويتية والعمالة العربية الوافدة في القطاع الحكومي في دراسة الكويت، المجلة العربية للعلوم الإدارية ، المجلد الأول.

- السيد، عبد الرحيم. 1996 ، العلاقة بين الولاء التنظيمي والأداء والرضى الوظيفي والصفات الشخصية: دراسة مقارنة - مجلة الإدارة العامة- المجلد 35 .

ion tactics: a longitudinal analysis of links to organizational socializat ,1990.P.and meyer J .Allen N

.new comers, commitment and role orientation, Academy of management Journal, vol33

Bateman T.S. & strasser S.1984, A long itudinal analysis of the antecedents of organizational -

.commitment "Academy of management Journal, vol.27

.Dentor, keith D.,1987. Getting employee commitment, supervisory management, October -

Dunham,R., Grube J. And Castareda, M.,1994, organizational commitment the utility of an -

79..vol , integrative definition, Journal of applied psychology

Gendar attitudes toward unethical illegal activities and organizational .7198.L.S ,Govman -

.A 8740 ,04, 48 ,Dissertation abstracts international .commitment

and pre employment propensity :Organizational commitment .1987.B.R ,nhamDu & ,.L.J ,cePier -

l work experiences. Journal of management, 131. 163178.iatiin

- John, Masih & Taylor, John.2001, Leadership style, schools climate, and the institutional

 of teachers "http, aiis.edu/ academics/ sgs/ info/institutional commitment. tttml.ntemcommit

- Pider, Mary Alanah.2002, the effects of principal leadership on teacher loyalty in Urban and

.suburban catholic elementary schools, DAI, A62/ 2/ p. 4016